本书出版得到云南省"中国陆地边疆治理协同创新中心"资助

云南大学周边外交研究丛书

缅甸综合社会调查报告
（2015）

孔建勋　邓云斐 等◎著

中国社会科学出版社

图书在版编目（CIP）数据

缅甸综合社会调查报告.2015／孔建勋等著.—北京：中国社会科学出版社，
2016.12

（云南大学周边外交研究丛书）

ISBN 978 - 7 - 5161 - 9057 - 9

Ⅰ.①缅… Ⅱ.①孔… Ⅲ.①社会调查—调查报告—
缅甸—2015 Ⅳ.①D733.769

中国版本图书馆 CIP 数据核字（2016）第 235608 号

出 版 人 赵剑英
责任编辑 王 茵 马 明
责任校对 王佳玉
责任印制 王 超

出 版 中国社会科学出版社
社 址 北京鼓楼西大街甲 158 号
邮 编 100720
网 址 http://www.csspw.cn
发 行 部 010 - 84083685
门 市 部 010 - 84029450
经 销 新华书店及其他书店

印 刷 北京君升印刷有限公司
装 订 廊坊市广阳区广增装订厂
版 次 2016 年 12 月第 1 版
印 次 2016 年 12 月第 1 次印刷

开 本 710×1000 1/16
印 张 16
插 页 2
字 数 239 千字
定 价 68.00 元

云南大学周边外交研究中心
学术委员会名单

主 任 委 员：郑永年

副主任委员：邢广程　朱成虎　肖　宪

委　　　员：（按姓氏笔画排序）

王逸舟　　孔建勋　　石源华
卢光盛　　刘　稚　　许利平
李一平　　李明江　　李晨阳
杨　恕　　吴　磊　　陈东晓
张景全　　张振江　　范祚军
胡仕胜　　高祖贵　　翟　崑
潘志平

《云南大学周边外交研究丛书》
编委会名单

编 委 会 主 任：林文勋

编委会副主任：杨泽宇　肖　宪

编 委 会 委 员：（按姓氏笔画排序）

孔建勋　卢光盛　刘　稚

毕世鸿　李晨阳　吴　磊

翟　崑

总　序

　　近年来，全球局势急剧变化，国际社会所关切的一个重要议题是：中国在发展成为世界第二大经济体之后，其外交政策是否会从防御转变为具有进攻性？是否会挑战现存的大国和国际秩序，甚至会单独建立自己主导的国际体系？的确，中国外交在转变。这些年来，中国已经形成了三位一体的新型大外交，我把它称为"两条腿，一个圈"。一条腿是"与美、欧、俄等建立新型的大国关系，尤其是建立中美新型大国关系"；另一条腿为主要针对广大发展中国家的发展战略，即"一带一路"；"一个圈"则体现于中国的周边外交。这三者相互关联，互相影响。不难理解，其中周边外交是中国外交的核心，也是影响另外两条腿行走的关键。这是由中国本身特殊的地缘政治考量所决定的。首先，周边外交是中国在新形势下全球谋篇布局的起点。中国的外交中心在亚洲，亚洲的和平与稳定对中国至关重要，因此能否处理好与周边国家关系的良性发展，克服周边复杂的地缘政治环境将成为影响中国在亚洲崛起并建设亚洲命运共同体的关键。其次，周边外交是助推中国"一带一路"主体外交政策的关键之举。"一带一路"已确定为中国的主体外交政策，而围绕着"一带一路"的诸多方案意在推动周边国家的社会经济发展，考量的是如何多做一些有利于周边国家的事，并让周边国家适应中国从"韬光养晦"到"有所作为"的转变，并使之愿意合作，加强对中国的信任。无疑，这是对周边外交智慧与策略的极大考验。最后，周边外交也是中国解决中美对抗、中日对抗等大国关系的重要方式与途径。中国充分发挥周边外交效用，巩固与加强同周边国家的友好合作关系，支持周边国家的发展壮大，提升中国的向心力，将降低美日等大国在中国周边地区与国家中的影响力，并化解美国在亚洲同盟与中国对抗的可能性与风险，促成周边国家自觉地对中国的外交政策做出适当的调整。

从近几年中国周边外交不断转型和升级来看，中国已经在客观上认识到了周边外交局势的复杂性，并做出积极调整。不过，目前还没能拿出一个更为具体、系统的战略。不难观察到，中国在周边外交的很多方面既缺乏方向，更缺乏行动力，与周边国家的关系始终处于"若即若离"的状态。其中导致该问题的一个重要原因是对周边外交研究的不足与相关智库建设的缺失，致使中国的周边外交还有很大的提升和改进空间。云南大学周边外交中心一直紧扣中国周边外交发展的新形势，在中国周边外交研究方面有着深厚的基础、特色定位，并在学术成果与外交实践上硕果颇丰，能为中国周边外交实践起到智力支撑与建言献策的重要作用。第一，在周边外交研究的基础上，云南大学周边外交中心扎实稳固，发展迅速。该中心所依托的云南大学国际问题研究院从20世纪40年代起就开始了相关研究。21世纪初，在东南亚、南亚等领域的研究开始发展与成熟，并与国内外相关研究机构建立了良好的合作关系，同时自2010年起每年举办的西南论坛会议成为中国西南地区最高层次的学术性和政策性论坛。2014年申报成功的云南省高校新型智库"西南周边环境与周边外交"中心更在中央、省级相关周边外交决策中发挥着重要作用。第二，在周边外交的研究定位上，云南大学周边外交中心有着鲜明的特色。该中心以东南亚、南亚为研究主体，以大湄公河次区域经济合作机制（GMS）、孟中印缅经济走廊（BCIM）和澜沧江—湄公河合作机制（LMC）等为重点研究方向，并具体围绕区域经济合作、区域安全合作、人文交流、南海问题、跨界民族、水资源合作、替代种植等重点领域进行深入研究并不断创新。第三，在周边外交的实际推动工作上，云南大学周边外交中心在服务决策、服务社会方面取得了初步成效。据了解，迄今为止该中心完成的多个应用性对策报告得到了相关部门的采纳和认可，起到了很好的资政服务作用。

云南大学周边外交中心推出的《云南大学周边外交研究丛书》与《云南大学周边外交研究中心智库报告》等系列丛书正是基于中国周边外交新形势以及自身多年在该领域学术研究与实践考察的深厚

积淀之上。从周边外交理论研究方面来看,这两套丛书力求基于具体的区域范畴考察、细致的国别研究、详细的案例分析,来构建起一套有助于建设亚洲命运共同体、利益共同体的新型周边外交理论,并力求在澜沧江—湄公河合作机制、孟中印缅经济合作机制、水资源合作机制等方面有所突破与创新。从周边外交的具体案例研究来看,该套丛书结合地缘政治、地缘经济的实际情况以及实事求是的田野调查,以安全合作、经济合作、人文合作、环境合作、边界冲突等为议题,进行了细致的研究、客观独立的分析与思考。从对于国内外中国周边外交学术研究与对外实践外交工作的意义来看,该丛书不仅将为国内相关研究同人提供借鉴,也将会在国际学界起到交流作用。与此同时,这两套丛书也将为中国周边外交的实践工作的展开提供智力支撑并发挥建言献策的积极作用。

郑永年

2016 年 11 月

目　录

绪 论

调查数据库在东南亚（缅甸）研究中的应用：现状与局限

2013 年，著名社会科学学者、北京大学乔晓春教授以"中国的社会科学，离科学有多远"为题致教育部部长一封公开信，不无忧虑地指出："在中国很多公开发表的社会科学论文都是作者的一些思考和想法，然后用文字把它们叙述出来。对某一社会问题的研究和分析，多是思辨性的或哲学层面的，而不是用数据或采用实证的研究方法……一个单纯依靠个人感受而没有科学证据的结论，一定不是科学的结论。"

上述说法也许还有可商榷之处，但随着社会科学统计软件技术的突飞猛进，定量取向的实证方法在社会科学研究中的地位越来越重要是不争的事实。在国际问题研究学科，国内学者基于定量数据的实证研究成果不多，特别是在东南亚研究领域，由于受可用的调查数据库以及研究人员的统计分析能力等诸多限制，这方面的问题尤为突出。其中像缅甸、老挝等东南亚后进国家几乎没有可用的调查数据。本部分将以东南亚（尤其是缅甸）为例，探讨定量取向的实证社会科学研究方法在区域和国别研究中的应用，分析当前开展相关研究存在的客观困难、局限及未来的发展方向。

一 国内东南亚研究：成绩与局限

传统上，中国的东南亚研究力量集中在南方，在组织机构方面，厦门大学南洋研究院（前身为南洋研究所）、暨南大学东南亚研究所、云南省社会科学院东南亚研究所和广西社会科学院东南亚研究所（前身是 1979 年成立的印度支那研究所）是国内几个主要的具有历史传承的东南亚研究机构,它们开始都以研究东南亚地区史和国别史、东南亚民族(例如傣族起源)以及华人华侨为主。相应的,东南亚研究专业刊物也主要由以上机构主办,迄今为止国内只有这四个机构主办的期刊是全球发行的东南亚研究领域的专业性公开刊物,分别是暨南大学东南亚研究所的《东南亚研究》(1960年创刊)、厦门大学南洋研究院的《南洋问题研究》(1974年创刊)、云南省社会科学院的《东南亚》(1983年创刊,2009年改刊名为《东南亚南亚研究》),以及广西社会科学院东南亚研究所的《东南亚纵横》(1990年创刊,其前身为《印度支那》)。

自20世纪90年代初起,中国与周边东南亚各国的关系不断改善,中国—东盟自由贸易区建设和中国参与的大湄公河次区域(GMS)经济合作计划的展开,促使中国传统的东南亚研究机构和研究力量逐渐将研究重点从历史和民族等领域转到区域政治和经济合作方面,特别是随着国家对智库建设的需求越来越突出,不少东南亚研究机构和队伍的研究领域从基础理论研究转向具有学理支撑的智库型应用政策研究。这些研究为进一步巩固和发展我国与东盟及东南亚国家的双边和多边关系提供了有力的智力支持。与此同时,顺应形势的发展,新兴的东南亚研究机构如雨后春笋般诞生,这在南方尤为明显,如位于昆明的云南大学、云南民族大学、云南师范大学等的东南亚研究机构应运而生。类似的情况也发生在南宁,如广西大学、广西民族大学等各高校的东南亚研究机构逐渐成长起来。尤其值得一提的是,云南大学的缅甸研究院独树一帜,现已发展成为仅次于北伊利诺伊大学缅甸研究中心的全球排名第二的缅甸研究机构,成为国内国别研究机构的一个典范;广西民族大学东盟研究中心和贵州大学东盟研究中心虽然起步较晚,但被列入教育部区域国别研究培育基地;而2015年9月正式挂牌成立的中国(昆明)南亚东南亚研究院,则标志着云南省社会科学院东南亚(包括南亚)研究的一个新起点,该院在原有的东南亚研究所和南亚研究所的基础上,新成立了缅甸研究所、泰国研究所、老挝研究所和越南研究所等五个东南亚地区国别研究所(南亚板块成立了印度研究所和孟加拉研究所两个国别所)。总之,在南方的几个省区聚集了我国东南亚研究的主要机构和大部分研究人员，他们为我国的东南亚地区和国别研究做出了重要贡献，同时不少学者成为中央和地方政府的东南亚事务智囊，为各级相关机构提供了大量的决策参考意见。

综上所述，我国的东南亚研究无论是在机构设置和研究队伍培养方面，还是在研究成果推广方面，都取得了不凡的业绩。但从现有的情况来看，大多数东南亚研究者的研究方法和手段还是基于二手资料的分析或者对客观事实的主观判断，即使有不少学者经常对研究对象国进行长期的观察，但方法论的局限是无法避免的。因此，学术研究和政策分析的成果要么是基于对宏观形势的思辨性判断，要么是基于个人有限观察的结论，几乎没有基于大型原始数据的定量分析的实证研究成果。① 以《南洋问题研究》《东南亚研究》《东南亚南亚研究》和《东南亚纵横》四个刊物所发表的成果为例，就笔者收录的而言，这四个刊物所发表的学术论文，基于大型数据分析的、定量取向的实证研究成果少之又少。在定量取向的社会科学研究方法迅速普及各个学科的今天，国内专门的东南亚地区和国别研究队伍却没有相应的定量研究成果，这不能不说是一大缺憾。

总之，由于国内东南亚研究界基于定量数据的实证研究起步较晚，一方面培养具有不同学科背景、掌握定量研究方法和技术的研究队伍需要较长的周期和投入；另一方面开展定量研究的基础是数据，各类数据库的建设也是一项长期工程。就目前来说，在东南亚研究领域开展定量取向的实证研究，有一些可资利用的条件，面临的困难很多，做好基础工作需要较长的阶段。

---

① 有关东南亚地区基于调查数据的定量分析文章，现有的有陈文《两广地区东南亚留学生眼中的中国国家形象》（《世界经济与政治》2012 年第 11 期）、《东南亚华裔青少年来华留学的动因分析：基于两广地区 15 所院校的抽样调查数据与田野观察》（《世界民族》2013 年第 4 期），以及梁茂春等《东南亚来华留学生的社会交往状况分析：基于 15 所院校的问卷数据与访谈资料》（《世界民族》2016 年第 2 期）。这些研究尽管有抽样设计、调查范围和研究对象方面的局限，但在推动我国东南亚研究的定量取向方面进行了有益尝试；而拙文《大国在泰国的国家形象：基于亚洲民主动态调查的跨国比较》（《华侨大学学报》2013 年第 2 期）和《当前泰国中产阶层的政治表达和政党倾向》（《东南亚南亚研究》2010 年第 1 期）虽然利用泰国全国性的抽样调查数据，通过统计建模来进行定量取向的实证研究，但也仅限于泰国的国别研究。

二　与东南亚研究相关的现有数据库概述

数据为研究问题服务，用以支持或反驳研究结论，这也是欧美发达国家的学者和学术机构热衷于在本国和其他发展中国家创建大型调查数据库的重要原因。在一定程度上，谁拥有了数据库，谁就占据了学术话语权。到目前为止，涉及东南亚地区的、国内外学者可免费申请使用的调查数据库较为有限，主要由美国、中国台湾等发达国家和地区主导。

（一）　与东南亚地区和国别有关的调查数据库简介①

众所周知，东南亚地区包括文莱、柬埔寨、印度尼西亚、马来西亚、缅甸、菲律宾、新加坡、泰国、越南、老挝以及东帝汶11个国家，其中前10个国家为东盟成员国。通常情况下，东南亚国家和东盟国家是基本重合的。从现有的可以免费获取的原始调查数据库来看，与东南亚地区和国别关系最为密切的当属台湾大学政治系实施的"东亚民主动态调查"（Asian Barometer Survey，ABS），该调查主要针对东亚和东南亚地区，迄今ABS已经发布了三波调查数据，第四波调查正在进行中。其中第一波调查数据（2001—2003）包括菲律宾和泰国2个东南亚国家；第二波调查数据（2006—2008）包括马来西亚、新加坡、菲律宾、印度尼西亚、泰国、越南、柬埔寨7个国家；第三波调查数据（2010—2012）包括马来西亚、新加坡、菲律宾、印尼、泰国、越南6个国家（如表0—1所示）。目前正在开展涵盖东亚14个国家的第四波调查，原计划于2016年年底完成。

表0—1　　　　　　　　　　与东南亚国家有关的调查数据库

	年份	马来西亚	新加坡	菲律宾	印度尼西亚	泰国	越南	柬埔寨	缅甸
ABS	2002								
	2007								
	2012								
	2015								

---

①　本部分着重介绍国内外学者可免费申请使用的定量数据库，付费数据库不在此列。

续表

	年份	马来西亚	新加坡	菲律宾	印度尼西亚	泰国	越南	柬埔寨	缅甸
PEW Global Attitude Project	2002			■	■	■	■		
	2003				■				
	2004				■				
	2005								
	2006				■				
	2007	■			■				
	2008				■				
	2009				■				
	2010				■				
	2011				■				
	2012								
	2013	■			■				
	2014	■			■		■		
	2015	■			■		■		
WVS	1999			■	■		■		
	2004				■		■		
	2007	■			■	■	■		
	2012								

注：截至目前，皮尤全球态度调查2016年数据和东亚民主动态调查第四波数据尚未公开发布。

这套数据包括部分东南亚国家微观层面的经济评价、制度信任、社会资本、政府选举、公共服务、公民社会、民主、政府绩效、全球化以及国际关系的问题。对于东南亚地区和国别研究来说，这些数据一方面可以用来进行不同领域的国别研究，另一方面则可以进行针对研究议题的跨国比较。因此，对于不同学科背景的东南亚区域和国别研究学者来说，这些数据具有十分重要的学术研究和应用政策研究价值。

此外，美国的皮尤研究中心（PEW Research Center）从2001年开始的全球态度调查项目（Global Attitude Project），2002年数据包括菲律宾、印尼、泰国和越南四个国家，从 2003 年一直到 2011 年只有印尼（2007 年包括马来西亚）；2012 年则不包括任何东南亚国家；但从 2013 年开始涵盖马来西亚、菲律宾和印尼三国，尤其是 2014 年包括了马来西亚、菲律宾、印尼、泰国和越南五个东盟国家，而尚未公布的 2015 年调查数据包含马来西亚、菲律宾、印尼和越南四个东盟国家（如表 0—1 所示）[①]。

　　还有一套数据是始于 1981 年的"世界价值观调查"（World Value Survey，WVS），该调查项目旨在研究调查对象国民众诸多方面的价值观念和态度的变迁及其对社会和政治生活的影响。迄今，该项目已经开展了六轮调查。如表 0—1 所示，其中第三波调查（1999）包括菲律宾；第四波调查（2004）包括新加坡、菲律宾、印尼和越南四国；第五波调查（2007）包括马来西亚、印尼、泰国和越南；最新一波调查（2012）则只包括马来西亚、新加坡和菲律宾三个国家。

　　以上这些数据虽然不包括所有东南亚国家，但也可以用来做定量取向的东南亚地区和国别研究。现以"东南亚民众对大国影响力的态度和看法"这一命题为例，来探讨如何使用这些数据进行定量取向的统计分析，并得出更加科学、可靠的实证研究结论。[②] 近年来针对中国的崛起对世界而言尤其是对亚洲而言到底是威胁还是机遇，国际上有不同的看法，但总的来说持"中国威胁论"观点的占多数。无论是国际学术界、政界还是媒体界，持有这种观点的人，一部分是本身对中国存有敌意，不愿意看到中国的崛起；另一部分人即是价值中立的学者，他们大多基于对国际和区域形势的主观判断，从而缺乏论据支撑。中国的崛起到底是威胁还是机遇，相对于西方学者和媒介而言，亚洲的民众有切身的体会，他们最有发言权。基于此，我们利用 ABS 第三波数据，通过定量的实证研究来看亚洲的民众到底如何看待中国在亚洲的影响力。

　　图 0—1 是对 ABS 第三波数据进行 multinomial 逻辑斯蒂回归分析后，Stata 软件生成的中国、美国、日本、印度在东亚的影响力结果

---

　　① 2015 年的原始数据要到 2017 年才免费对外发布。

　　② 每一种研究方法和取向都有方法论的局限性，定量取向的统计分析方法也如此。但定量研究方法的局限不在本书讨论之列。

图。结果显示，绝大多数亚洲国家的民众都认为中国在亚洲的影响力超过了美国，更为重要的是，绝大多数国家的受访民众认为这种影响力是正面的（如图0—2所示）。

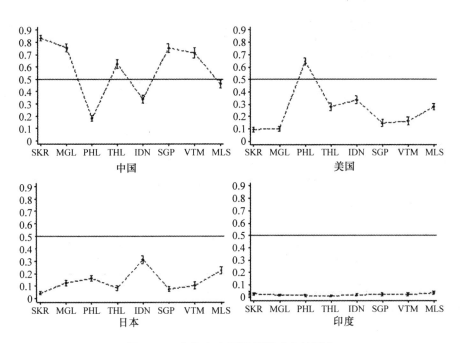

图0—1　当前在东亚最具影响力的国家

资料来源：ABS第三波数据。

由此得出结论认为，亚洲各国的大多数民众并不像国际上某些学界、政客和媒体鼓吹的那样认为中国的崛起构成了威胁，他们反而以切身体会表明中国对亚洲发挥了积极的影响。当然，这个结果也有它的局限性，因为该调查数据采集时间是2012年，经过三四年后亚洲国家的民众对中国的看法可能有所变化。例如，中越南海争端和越南国内冲击华企事件后，越南民众当前对中国的影响力的评价预计不如该研究结论那么乐观；相反，自2014年习近平总书记访问韩国后，中韩关系推进到一个新的高度，韩国民众对中国的态度也明显好转，因此2014年以后的一段时间韩国民众对中国影响力的评价预计会比本项研究的结论更加乐观；而近来由于萨德问题引起中韩冲突加剧，

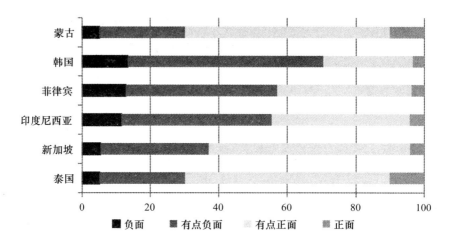

图 0—2　东亚六国民众对中国在亚洲的影响力的评价

资料来源：ABS 第三波数据。

因此民意好感度又有可能回落。这些命题都需要用追踪数据才能证实或者证伪。

（二）存在的不足

通过梳理东南亚国家和地区相关数据库，可以发现，目前虽然有一些可供研究的数据库，但从这些数据库所涵盖的国别来看还不完整、不连续，难以有效开展横向跨国、纵向历时的比较研究。这种局限突出地反映在以下两个方面。

一是现在有的调查数据无一涵盖周边的缅甸①和老挝两个国家。缅甸在中国"一带一路"战略中具有十分重要的战略地位，但并没有任何数据库可供对缅甸的研究，这对中国学者无疑是极大的限制。

二是即使是现有的少数几份调查数据，由于调查实施方并非中国大陆的学术机构和智库（其中 ABS 为台湾大学），因此其关注点在于数据实施方的需求，数据库提供的信息（变量设置）对我国学者开展中国周边外交和中国软实力在东南亚国家和地区的影响等的研究，

①　唯一的例外是"东南亚民主动态调查"第四波数据（2015）涵盖了缅甸，但该数据仅有 1500 个样本。如此，该数据做东亚民主动态调查范围内的跨国比较研究有很高的价值，但从缅甸国别研究来看，样本量的限制是显而易见的。当然这种情况对其他国别来说也是如此。

有效性比较有限。

东南亚国家在中国的周边外交中具有十分重要的战略地位，目前东南亚国家经济发展水平普遍不高（新加坡除外），没有能力建立本国独立的综合数据库。由于种种原因，西方发达国家的学术机构此前对这一地区重视不足，建立的数据库还很有限，尤其是缅甸、老挝、柬埔寨等国，至今没有一套可供学术研究的基于微观调查的数据。正因为这些国家缺乏调查数据库，现有的研究手段、技术和数据来源不足以全面掌握周边东南亚国家的发展态势，使得现有的学术研究价值和政策研究的意义都有很大的局限性。

三 国别综合数据库建设及其运用：以缅甸为例

从中国与周边东南亚国家的双边关系研究来看，在中国西南方向的东南亚南亚国家中，缅甸处于中国、东南亚和南亚的交汇处，地缘战略位置十分重要，正因为如此，自从第二次世界大战以后，缅甸一直处于国内外学者的学术视野中，研究成果可谓汗牛充栋。近年来又因为缅甸的政治转型、经济改革、民族冲突、宗教和国家统一等问题，吸引越来越多的国内学者纷纷研究这些问题对中缅关系的影响。但如前所述，由于缅甸尚没有可供研究者使用的调查数据库，相关研究成果主要以规范（Normative）研究为主。

2015 年年底，由中国（昆明）南亚东南亚研究院和缅甸独立智库缅甸调查研究院（MSR）联合实施的"缅甸综合社会调查（2015）"（Myanmar General Social Survey，MGSS）首次突破这一局限，为国内外学术界和政策分析家提供了一套科学、可靠的缅甸全国性概率抽样调查数据，它涵盖个人和家庭信息、教育和就业、经济评价、宗教与社会、政府体系、公民社会与治理、民主与选举等诸多方面，为建设缅甸综合追踪调查数据库树立了一个良好的开端。

"缅甸综合社会调查（2015）"（MGSS）采取分层多阶段随机抽样设计，其样本对于除了克耶邦和钦邦①以外的缅甸 7 个省、5 个邦和 1 个特区（内比都）具有充分而有效的代表性。2015 年度调查内

---

① 鉴于访问员人身安全等方面的原因，这两个邦没有列入此次调查的范围。

容具体包括如下几个方面：（1）受访者个人基本情况；（2）受访者家庭基本情况；（3）就业和收入；（4）经济评价；（5）宗教和社会；（6）政治态度和公民社会；（7）民主和选举；（8）政府治理和参与。

作为迄今质量最好的缅甸调查数据，"缅甸综合社会调查（2015）"（MGSS）期望通过项目的持续性实施，对处于政治转型时期的缅甸政治社会结构的演变、现状和发展趋势，民众的价值观念、社会态度和对国际关系（尤其是对华关系）的看法，以及以此为基础的不同社会群体之间态度和看法的差异做出科学的分析和判断。

作为数据库运用的初步成果，接下来的文稿是基于这一调查数据的描述性研究报告，主要内容包括第一章研究方法和内容介绍、8个专题报告和最后一章结论与讨论。报告基于"缅甸综合社会调查（2015）"（MGSS）数据，通过变量之间的交互及数据分析，呈现出性别、年龄、城乡、宗教、族群、省邦、受教育程度等差异下的缅甸居民在工作状况、生活感受、社会治理、政治和外交评价等方面的态度和倾向，旨在通过数据分析反映缅甸综合舆情。数据分析反映了转型时期缅甸社会在政治气候、社会民生、经济发展、民意倾向各方面的基本现状和趋势，揭示了不同的社会阶层、年龄阶层、教育背景和宗教群体的相对地位、角色和观念的变化，尤其是这些不同社会群体对区域合作和对外关系的看法。

缅甸综合社会调查项目的资料价值是巨大的，对于东南亚地区和国别研究来说，这些数据一方面可以用来进行不同领域的缅甸国别研究，另一方面则可以通过与其他相关数据库合并，进行针对研究议题的（与缅甸）跨国比较。因此，待时机成熟这套数据向所有非商业用途的研究者开放后，其学术研究和应用政策研究价值将得到更充分的挖掘。

第 一 章

缅甸综合社会调查（MGSS）综述

第一节　项目的背景、宗旨和主要内容

定量研究以大样本统计为基础，在检验理论方面的作用举足轻重，针对社会现实问题能够提出基于证据支撑的决策咨询报告。对于以多学科、交叉学科为主要特征的各区域和国别研究基地来说，利用原始调查数据，采取定量取向的实证研究方法，以有理有据的研究结果为国家制定外交政策，为地方政府开展对外经济文化交流提供科学、可靠的决策参考，具有必要性和紧迫性。在此背景下，中国（昆明）南亚东南亚研究院与缅甸调查研究所（MSR）经过多次磋商，决定从 2015 年开始共同开展"缅甸综合社会调查"年度项目。该项目的宗旨是：

第一，对转型时期的缅甸社会进行全面、系统的调查和追踪，把握缅甸政治社会转型的实质，调查内容包括政治制度、政府治理、公民社会、民主与选举、经济评价、公共价值观、宗教意识和宗教活动、区域合作、对外政策与国际关系等各方面的基本方向和趋势。

第二，观察缅甸国内不同社会阶层、不同教育背景、不同年龄阶层、不同宗教群体的相对地位、角色和观念的变化，尤其是这些不同社会群体对区域合作和对外关系的看法（特别是对中缅关系的态度和看法）。

第三，定期、持续地进行缅甸社情、舆情和对外关系的调查，以有限的研究经费成本、最快的速度和最优质的数据质量提供开放、共享的缅甸调查数据，为关注和研究缅甸的专家、学者和政府部门提供

最优质的调查数据，为国内外学术界缅甸研究的方法论创新，以及为我国持续稳定地发展与缅甸的双边关系开展决策咨询研究提供坚实的数据基础。

第四，借助历时性和标准化数据，结合皮尤调查数据、世界公众价值观调查数据、亚洲民主动态数据中的东南亚部分，推动历时性比较和缅甸与其他东南亚国家之间的跨国比较分析，拓展和深化关于东南亚国家及其对外关系的定量取向实证研究。

"缅甸综合社会调查（2015）"（MGSS）是该项调查的第一期，按照概率抽样的设计，调查范围包括全国 12 个省邦以及内比都特区的城市和农村（如前所述，克耶邦和钦邦因特殊原因不在此次调查的初级抽样框之内），调查对象为 18 岁以上的法定成年人。此次调查确定 3000 个样本，并按 2014 年缅甸全国人口普查的城乡人口比例，分配农村样本为 2115 个（占总样本的 70.5%），城市样本 885 个（占总样本的 29.5%）。① 其中，农村样本的初级抽样单元为 42 个乡（township），二级抽样单元为 141 个村（village）；城市抽样单元为 59 个街区（wards），最后形成 200 个抽样点（亦即 141 个农村村落和 59 个城镇街区），并从每个抽样点随机抽取 15 个样本；三级抽样单位为各街区或村落中的家庭住户；最终抽样单位为在家庭住户中的个体成年人。

从 2017 年起，"缅甸综合社会调查（2015）"（MGSS）数据对所有非商业用途的研究者开放，主要服务于以下几类人员：一是从事缅甸及其对外关系研究的国内外社会科学研究人员和学生；二是将缅甸列为跨国比较研究的学者和学生；三是缅甸政策研究的专家学者和数据分析员；四是其他有可能使用该数据对缅甸进行政策设计和评估的人员。

---

① 按官方的标准来定义城市和农村的划分。在缅甸，每个乡镇都包括城镇和农村，城镇的下一级行政区划叫街区（wards），农村的下一级行政区划叫村落（village）。总的来说，每个乡镇包括 5 个街区和大约 80 个村落。

第二节　抽样设计

"缅甸综合社会调查（2015）"（MGSS）采取分层多阶段随机抽样设计，按照概率抽样的设计，调查范围包括全国各省邦以及内比都特区的城镇和乡村，调查对象为 18 岁以上的法定成年人。其样本对于除了克耶邦和钦邦以外的缅甸 7 个省、5 个邦和 1 个特区（内比都）具有充分而有效的代表性。

一　抽样单位

本项目采用分层多阶段随机抽样方法。全缅符合抽样年龄的调查对象有 3300 多万人，约占全国总人口的 66%。各阶段的抽样单位为：第一阶段以各省邦的乡镇为初级抽样单位。第二阶段根据缅甸政府的官方划定，除了仰光和曼德勒以外，其他每个乡镇均由城镇和乡村两个部分组成。城镇地区的抽样单位为街区；乡村地区的抽样单位为村落。平均而言，每个乡镇包括 5 个街区和 80 个村落。因此，二级抽样单位为各省邦中的街区、村落。第三阶段以各街区或村落中的家庭住户为三级抽样单位。第四阶段是以家庭住户中的个人为最终抽样单位。

二　抽样步骤

本项目采样的各个阶段步骤如图 1—1 所示。

（一）初级抽样单元的选取

第一步对省邦进行分层，包括除克钦邦和克耶邦以外的缅甸所有省邦（待调查实施时如安全形势好转，将把这两个邦也纳入调查范围）；第二步对每个省邦按城镇和乡村进行分层，分层的主要依据是 2014 年人口普查的数据，各省邦的城乡人口数据如表 1—1 所示。

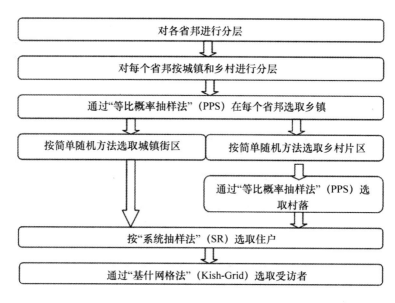

图1—1　抽样步骤

表1—1　　　　　　　　　2014年缅甸各省邦城乡人口分布　　　　　单位：人

序号	省邦	城市人口	农村人口	合计
1	克钦邦	592368	1050473	1642841
2	克耶省	72418	214209	286627
3	克伦邦	329166	1175160	1504326
4	钦邦	99809	378992	478801
5	实皆省	911335	4414012	5325347
6	德林达依省	338419	1069982	1408401
7	勃固省	1072336	3795037	4867373
8	马圭省	588031	3329024	3917055
9	曼德勒省	2143436	4022287	6165723
10	内比都区	375189	785053	1160242
11	孟邦	572189	1482204	2054393
12	若开邦	354288	1744519	2098807
13	仰光省	5160512	2200191	7360703
14	掸邦	1395847	4428585	5824432
15	依洛瓦底省	872600	5312229	6184829

续表

序号	省邦	城市人口	农村人口	合计
	合计	14877943	35401957	50279900

资料来源：缅甸2014年人口普查数据。

第三步对各省邦进行样本分配，本项目的样本总数为3000个，其中每个采样点将有15个住户参与调查。根据2014年人口普查的数据，各省邦的样本量和采样点分配如表1—2所示。

表1—2 各省邦的样本量和采样点分配

序号	邦/地区	人口百分比（%）	样本分配（人）	采样点（个）
1	克钦邦	3.3	105	7
2	克耶省	0.6		
3	克伦邦	3.0	90	6
4	钦邦	1.0		
5	实皆省	10.6	330	22
6	德林达依省	2.8	90	6
7	勃固省	9.7	300	20
8	马圭省	7.8	225	15
9	曼德勒省*	14.6	450	30
10	孟邦	4.1	120	8
11	若开邦	4.2	105	7
12	仰光省	14.6	450	30
13	掸邦	11.6	360	24
14	依洛瓦底省	12.3	375	25
	合计	100	3000	200

注：*曼德勒省包括内比都区，本章后同。

第四步按城镇和乡村划分各省邦的样本数，根据2014年人口普查中各省邦的城镇和乡村人口比例，进一步按城、乡划分的各省邦样本分配如表1—3所示。

表1—3　　　　　　　　　　各省邦城乡样本分配

序号	省邦	城镇（%）	乡村（%）	城镇采样点（个）	乡村采样点（个）
1	克钦邦	36.1	63.9	2	5
2	克耶省	25.3	74.7		
3	克伦邦	21.9	78.1	2	4
4	钦邦	20.8	79.2		
5	实皆省	17.1	82.9	4	18
6	德林达依省	24.0	76.0	2	4
7	勃固省	22.0	78.0	4	16
8	马圭省	15.0	85.0	2	13
9	曼德勒省	34.4	65.6	11	19
10	孟邦	27.9	72.1	2	6
11	若开邦	16.9	83.1	1	6
12	仰光省	70.1	29.9	19	11
13	掸邦	24.0	76.0	6	18
14	依洛瓦底省	14.1	85.9	4	21
	合计	29.6	70.4	59	141

　　本项目的抽样乡镇总数为42个。根据采样点的数量，各省邦的乡镇样本数分配如表1—4所示。

表1—4　　　　　　　　各省邦的乡镇样本数分配　　　　　　单位：个

序号	省邦	城镇采样点	乡村采样点	采样点总数	样本乡镇数
1	克钦邦	2	5	7	1
2	克耶省				
3	克伦邦	2	4	6	2
4	钦邦				
5	实皆省	4	18	22	5
6	德林达依省	2	4	6	1
7	勃固省	4	16	20	4
8	马圭省	2	13	15	3

续表

序号	省邦	城镇采样点	乡村采样点	采样点总数	样本乡镇数
9	曼德勒省	11	19	30	6
10	孟邦	2	6	8	2
11	若开邦	1	6	7	2
12	仰光省	19	11	30	6
13	掸邦	6	18	24	5
14	依洛瓦底省	4	21	25	5
	合计	59	141	200	42

第五步在各省邦选取乡镇样本，除了钦邦和克耶邦，缅甸共有407个乡镇。通过等比概率抽样法（PPS）选取42个乡镇，详细选取过程如图1—2所示。

图1—2　按省邦分层后乡镇样本抽取步骤

通过概率比例规模抽样的方法（PPS）选取的各省邦样本乡镇分布如图1—3所示。

图1—3   选取的各省邦样本乡镇地理分布

表1—5展示了概率比例规模抽样的方法（PPS）在各省邦选取的样本乡镇和各乡镇的样本数。

表1—5 　　　　　　　　各省邦采样乡镇和样本分配 　　　　单位：个

序号	省邦	选取的乡镇	样本量
1	克钦邦	Phakant	105
2	克伦邦	Hpa-an	60
3		Kyarinseikkyi	30
4	实皆省	Homalin	90
5		Ayartaw	45
6		Sagaing	90
7		Shwebo	60
8		Yinmarpin	45
9	德林达依省	Kawthoung	90
10	勃固省	Daik U	75
11		Padaung	60
12		Minhla	60
13		Pyu	105
14	马圭省	Gangaw	75
15		Yenangyoung	60
16		Pauk	90
17	曼德勒和内比都	Kyaukse	75
18		Chanayetharzan	75
19		Mahlaing	60
20		Myingyan	90
21		Tatkon	75
22		Pyawbwe	75
23	孟邦	Mawlamyine	45
24		Paung	75
25	若开邦	Myauk U	75
26		Toungup	30

续表

序号	省邦	选取的乡镇	样本量
27	仰光省	Dagon Myothit（North）	45
28		South Okkalapa	45
29		Hlinethaya	180
30		Mingaladon	90
31		Khayan	60
32		Bahan	30
33	掸邦	Momeik	60
34		Maukme`	30
35		Minetung	30
36		Kalaw	165
37		Ywarngan	75
38	依洛瓦底省	Laymyethna	45
39		Danubyu	60
40		Myaungmya	135
41		Ngathaingchaung（ST）	45
42		Daydaye	90

（二）二级抽样单元（街区或村落）的选取

针对城镇街区的样本，从各省邦的样本乡镇中选取城镇街区的方法和步骤为：第一步列出各省邦样本乡镇的所有街区名称清单；第二步利用电脑生成的随机数字，每个省邦的样本街区将会从清单中被筛选出来。现以克钦邦为例，从该邦的乡镇中选取两个乡镇样本。首先，列出这两个乡镇的所有街区的名称清单，然后，从清单里随机选取4个样本街区。

乡村村落样本从已经选定的村落群中选出。但由于一个村落群中的村落规模可能会非常庞大，因此，简单随机选取是行不通的。本项目合作方（MSR）的实地调研团队从搜集选定的村落群中落实各个村落的人口数量，并将这些数据汇报给课题组，然后由课题组首席专家组织成员研讨后，根据实际情况通过等比概率抽样法（PPS）选取样本村落，并将选定村落的名字告知实地调查团队。为了保证调研的质量，实地调研团队无权擅自选取样本村落。

（三）三级抽样单元（样本家庭）的选取

样本住户通过系统随机抽样（SRS）来选取，其具体步骤为：

第一步是实地调研团队统计选定的样本城镇街区或乡村村落的住户总数。

第二步是城镇街区或乡村村落的总户数除以该街区或该村落的样本户数，从而得出住户采样频率区间。

第三步是在选定的样本街区或村落确定一个起始点。在取样前，访问员将到村落考察，选定一个恰当的起始点。一般情况下，在乡村选取村落的入口或标志性建筑（如学校）作为起始点。在城镇街区一般以明显的街角作为起始点。

第四步是在 1 和住户采样区间之间生成一个随机数。

第五步假设这个随机数为 2，则起始点出发的第三个住户就被选定为第一个采访对象。通过逐一添加住户采样区间确定后续样本住户。在多栋公寓楼的情况下，访问员将按顺时针进行采样，从左手边公寓的一楼开始采样，上楼后仍然从左手边添加间隔，这样到达顶楼后再换到公寓的右手边采样。

需要强调的是，如果被选定的样本行政区或村落规模过于庞大，无法统计家庭数量，则会把样本行政区或村落划分为对等的几部分（例如，北部、南部、西部和东部），然后从中随机选取一个部分。样本家庭将会从这个被选定的部分中产生。图 1—4 是一个在采样点选取 10 户样本家庭的模拟图。

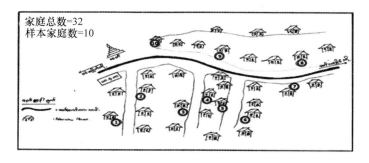

图 1—4　样本家庭选取方式示例

（四）最终抽样单元的选取

通过基什网格（Kish Grid）选取受访者的详细方法，在选定的样本家庭中，采访者要先查看跳转模式的数字（skip pattern number）。如果是奇数，他就记录下所有成年女性的名字（18 岁以上，年龄从高到低排列）。如果跳转数字是一个偶数，他就以相同的方法记录下所有成年男性的名字。这样做的目的是获得数量对等的男女受访者。精神残疾者、客人和佣人不包括在网络中。接受采访的受访者序列号会被标注在顶端，而最大的跳转模式数字，对应着横排中最年轻受访者的名字。

如果采访遭到拒绝，立刻选择初选样本家庭右手边的家庭进行采访。如果右手边的家庭拒绝，那么立刻选择初选样本家庭左手边的家庭进行采访。如果左手边的家庭也拒绝采访，就先完成这个采集点其他的采访，等所有采访完成后再通过添加采样间隔（sample interval）的方式选择一个替代的样本家庭进行采访。总之，通过以上程序，最终抽取的 3000 个样本分布情况如表 1—6 所示。

表 1—6　　　　　　　　各省邦城镇和乡村样本分布

序号	省邦	城镇样本		村落样本		样本总数	
		数量（个）	比例（%）	数量（个）	比例（%）	数量（个）	比例（%）
1	克钦邦	30	3.4	75	3.5	105	3.5
2	克耶邦						
3	克伦邦	30	3.4	60	2.8	90	3
4	钦邦						
5	实皆省	60	6.8	270	12.8	330	11
6	德林达依省	30	3.4	60	2.8	90	3
7	勃固省	60	6.8	240	11.3	300	10
8	马圭省	30	3.4	195	9.2	225	7.5
9	曼德勒省	165	18.6	285	13.5	450	15
10	孟邦	30	3.4	90	4.3	120	4
11	若开邦	15	1.7	90	4.3	105	3.5
12	仰光省	285	32.2	165	7.8	450	15

续表

序号	省邦	城镇样本		村落样本		样本总数	
		数量（个）	比例（%）	数量（个）	比例（%）	数量（个）	比例（%）
13	掸邦	90	10.2	270	12.8	360	12
14	依洛瓦底省	60	6.8	315	14.9	375	12.5
	总计	885	100	2115	100	3000	100

最终的抽样结果是：共计抽出 42 个乡镇（初级抽样单位），二级抽样单位中街区数与村落数的对比为 59∶141，对应的三级抽样单位中街区家庭与村落家庭户的对比为 885∶2115，对应最终抽样单元中城市样本与农村样本的对比为 885∶2115，通过对比表 1—1 中 2014 年缅甸各省邦城乡人口分布的情况可知，此次抽样所得的样本基本满足总样本量 3000 在城乡分配上的要求。

第三节　质量控制

本次调查主要通过以下措施对调查和数据的质量进行控制。

（一）事前质量控制

1. 采访者培训

缅甸调查研究所（MSR）在仰光对采访者进行为期 4 天的培训。培训项目的主题和内容包括：

·详细解释此项调查的目的；

·样本设计，在村落中选取家庭和受访者的具体方法；

·回拨程序（call-back procedures），在受访者最有可能出现时，最多尝试两次；

·逐一对调查问卷进行详细说明，包括路线和过滤，对定向和非定向问题的全面讨论；

·调查材料的使用方法（例如，采访者的手册和展示牌）；

·反应速度的记录，无应答的记录和原因，以及两次回拨程序不成功后样本家庭的替换；

·采访者的仪态和受访者保密的责任；

·主管和项目团队对采访者质量的控制，包括采访者实地日志的使用；

·采访练习，在受训的采访者面前，教练和主管之间的信息传递；

·对任何可能出现的问题和受访者会提出的疑问进行讨论；

·采访者之间进行采访练习，每个采访者尝试扮演采访者和受访者；

·每个采访者都将进行一次室外实地采访，以检验他们是否理解了家庭、受访者的选择方法和问卷的管理；

·调查的后勤工作。

2. 预备测试

为了保证调查问卷的有效性，缅甸调查研究所（MSR）在正式的实地采样开始前，对所有受访者进行预备测试，并向委托方提交一份对预备测试的成果分析，对现有的调查问卷提出详细的建议和修改方案。在预备测试和成果分析完成后，缅甸调查研究所（MSR）与项目委托方协商，对调查问卷进行了必要的改进。

30 个预备测试采访都在仰光地区进行，其中 10 个预备测试采访在仰光城市进行，10 个在仰光城乡接合部进行，其余 10 个在仰光农村的村落里完成。执行预备测试的是缅甸调查研究所（MSR）经验丰富的采访者。

3. 翻译

为了确保在翻译过程中语言不出现偏差，委托方提供的英文调查问卷在第一时间被翻译成缅文，而缅文调查问卷也被独立地再翻回英文。缅甸调查研究所（MSR）在翻译时对问卷进行适当的改进，并再次与委托方就缅文调查问卷进行商议。

最终敲定的缅文调查问卷被翻译成其余 6 种语言：克钦语、克伦语、孟语、钦语、掸语和若开语。如果这些语言能够和英语进行直译，那么将会被要求直接从英语调查问卷进行翻译。

由于克钦语、克伦语、孟语、钦语、掸语和若开语的调查问卷都是在缅文调查问卷的基础上进行翻译的，因此，把它们翻译回英文可能也需要经过这两个步骤。缅甸调查研究所（MSR）给民族语言的翻译者同时提供英文和缅文两个版本的调查问卷。

将缅文调查问卷回译成英文的是一个独立的译者，他不会看到最初的英文版调查问卷。翻译和回译工作完成后，将副本提供给委托方。

（二）实地质量控制

实地访问员被分成适当规模的小组，由监督人员在村落中选取样本家庭，并安排访问员在其监督下进行面对面访问。

为了保证问卷数据质量，所有访问员和监督人员在完成 6 天的实地数据收集工作后，获得 1 天的休息时间。

为了保证访问员的良好表现，缅甸调查研究所（MSR）同时还执行了以下几点质量控制的措施：

（1）确保访问能够顺利进行；

（2）在选取住户时，确保抽样计划得到合理实施；

（3）访问的大致时长；

（4）问卷各部分的适当管理；

（5）确保访问员坚持专业标准。

与此同时，要求访问员撰写实地日志。访问员必须随时携带实地日志，并记录下实地发生的事情，如执行回拨事件（call-back）的细节。访问员的实地日志为独立观察者确定采样住户的具体位置和受访者是否真的接受了采访提供充足信息。

缅甸调查研究所（MSR）的标准程序要求实地调研的监督人员每天对工作进度进行报告，除非他们身处的村落没有办法进行正常的通信。这样做的目的是保证缅甸调查研究所（MSR）可以为实地进行数据收集的访问员和进行监督工作的监督人员提供必要的行政和后勤支持。

此外，缅甸调查研究所（MSR）还将向实地派遣质检人员，他们将对 15% 的取样采访进行回访和检查。

除此之外，在实地工作开展期间，缅甸调查研究所（MSR）每周通过电子邮件的方式向委托方汇报实地调查的进展情况。

（三）后期质量控制

1. 问卷检查

首先，对完成的每一份调查问卷检查两次；其次，在访问员离开数据采集点前，属地监督人员对访问员汇总的调查问卷进行检查，以确保必要时再次与受访者确认答案；最后，缅甸调查研究所（MSR）办公室的编辑团队将会对调查问卷进行二次检查，以确保它们已正确完成。

　　2. 数据输入控制

　　为了确保调查数据录入的准确性，项目团队采取以下措施：首先，在录入前再次确认所有调查问卷的信息。共有八名编辑进行问卷完整性的检查工作，他们从第一页到最后一页进行详细核对，包括数据编码是否有误、逻辑关系是否准确，然后对最后一版调查问卷上的所有项目进行代码标注。其次是进行双向输入数据。正确填写并将已标注编号的调查问卷录入 CS Pro Version 6.0.1。为了确保输入数据的质量，缅甸调查研究所（MSR）通过双向录入数据（double entry method）的方式录入数据，所有调查问卷录入两次。虽然双向录入的方式使得数据录入的工作量增加了一倍，但这个方法能够有效保障数据录入质量。通过使用 CS Pro 的功能进行数据比较，能够清晰地辨别出数据输入的正误。缅甸调查研究所（MSR）分配了 12 名数据录入员进行此次调查的数据录入工作。

第 二 章

个人和家庭

作为缅甸第一份公开的全国性的调查数据，"缅甸综合社会调查（2015）"将受访者的基本人口统计特征和家庭经济社会状况作为主要内容之一。

第一节　个人基本情况

图2—1反映了调查样本的性别、居住地、婚姻状况以及宗教信仰等几个方面的情况。由此可知，受访者样本中男、女基本上各占一半；按城乡划分来看，乡村样本约高于70%，城镇样本约低于30%，与2014年缅甸全国人口普查数据的城、乡比例基本一致①。从婚姻状况来看，原始问卷中包含单身/未婚、已婚、同居、丧偶、离异及其他六个分类，本报告根据频数分布情况，将单身/未婚、丧偶、离异合并成为"未婚"，将已婚和同居合并成为"已婚"，"其他"作为缺失值。单变量频数分布表明，已婚受访者超过77%，而处于事实未婚状态中的受访者不到23%。从不同宗教信仰分布来看，原始问卷分为天主教、基督教、佛教、伊斯兰教、印度教、无宗教信仰、无神论者及其他总共八种。结合缅甸人口宗教信仰的实际情况和本调查数据的频数分布，本报告将受访民众分为"佛教徒"和"非佛教徒"两种。数据表明，超过九成五的受访者为佛教徒（95.2%），仅

---

① 根据2014年缅甸全国人口普查数据，全国城、乡人口比例为城镇人口约占29.6%，乡村人口约占70.4%。

有不到5%的受访者为其他宗教信徒或无神论者。

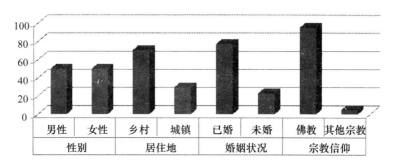

图2—1　按性别、居住地、婚姻状况和宗教信仰划分的样本分布（%）

从年龄分布来看，3000个样本中最小的18岁，最大的89岁，平均年龄接近44岁。进一步按城、乡划分来看，在农村受访者中，18—29岁年龄段的青年人约占18%，30—39岁年龄段的青壮年约占22%，40—49岁的中年人约占24%，50—59岁年龄段的中老年人约占20%，60岁及以上的老年人约占16%；在城镇受访样本中，18—29岁的青年人约占19%，30—39岁的青壮年约占23%，40—49岁的中年人约占22%，50—59岁的中年人约占18%，60岁及以上的老年人约占18%（如图2—2所示）。由此可知，城、乡人口的年龄结构并无明显的差别。

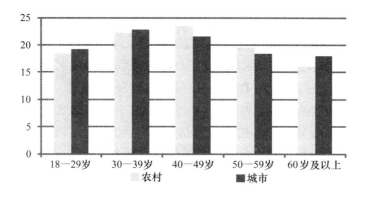

图2—2　按城乡、年龄划分的样本分布（%）

　　而从族群划分来看，本调查数据样本包括克钦、克伦、钦族、缅族、孟族、若开、掸族、拉祜、崩龙、华人、印度族以及其他等总共12个分类。其中缅族样本占72%，其他族群样本占28%，这也基本接近按缅族和非缅族划分的2014年缅甸人口普查的人口比例。

　　进一步按城、乡划分来看，农村受访者中约有69%是缅族，与2014年人口普查数据基本一致，但城镇受访者中缅族超过80%。农村受访者中，克伦族约占6%，若开族约占4%，掸族约占13%，孟族约占2%，印度族约占3%；在城市受访者中，克伦族约占3%，若开族约占2%，掸族约占8%，孟族约占1%，印度族约占3%（如图2—3所示）。

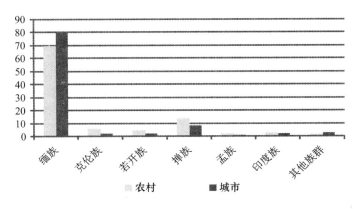

图2—3　按族群、城乡划分的样本分布（%）

　　从受访者的教育程度分布情况看，总体样本的平均受教育年限为7年，表明缅甸的国民教育程度普遍偏低。按性别差异来看，女性受访者中，约有33%的人小学肄业，约22%的人小学毕业，21%的人初中水平，12%的人高中毕业，约12%的人有大专及以上学历。男性受访者中，约34%的人小学肄业，约21%的人小学毕业，24%的人初中毕业，13%的人高中毕业，8%的人有大专及以上文凭（如图2—4所示）。

　　与性别差异不同的是，受教育程度的城乡差异较大，即城市受访者受教育程度较高，而农村受访者受教育程度较低。具体来说，在农村受访者中，有高达42%的人均没有小学毕业，约有26%的人小学毕业，约有19%的人初中水平，仅约8%的人高中毕业，约有5%

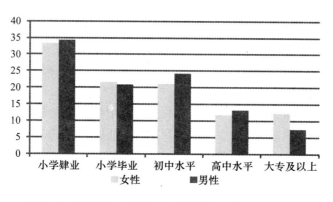

图2—4　按性别、受教育程度划分的样本分布（%）

的人拥有大专及以上文凭。城市受访者中，约有14%的人小学没有毕业，约10%的人小学文化程度，31%的人初中毕业，24%的人高中毕业，有21%的人是大专及以上文凭（如图2—5所示）。受教育程度的城乡差距较大，表明缅甸存在城市与农村之间教育资源分布不平衡的问题。需要指出的是，受教育程度的城乡差异是许多发展中国家（包括中国）普遍存在的问题。

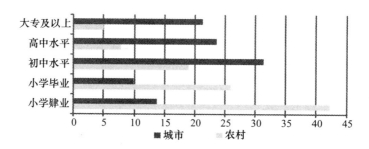

图2—5　按城乡、受教育程度划分的样本分布（%）

缅甸共有135个官方认定的族群，如前所述，本地调查数据可以区分出缅族、克钦族、克伦族、钦族、孟族、若开族、掸族、拉祜族、崩龙族、华人、印度族以及其他族群总共12个族群分类。从不同族群的受教育程度差异来看，克伦族、若开族和印度族三个族群的受教育程度普遍较低，其中克伦族中有超过一半的人（约56%）小学未毕业，18%的人小学毕业，约有19%的人中学水平（其中9%初中毕业，约10%的人高中毕业），仅有 7% 的人学历是大专及以上。而若开族群体中约有 42.5% 的人小学未毕业，约有 26.6% 的人小学毕业，约有 19.5% 的人初中毕业，约有 8% 的人高中毕业，获得大专及以上文凭的比例仅有 3.5% 左右；印度族中具有初中学历的人数比例较高，约为 30.8%，约有 37.2% 的人小学未毕业，约有 14.1% 的人小学毕业，约有 14.1% 的人有高中学历，但也仅约有 3.9% 的人拥有大专及以上文凭。这说明，若开族和印度族中受过高等教育的人数较少，整体受教育程度较低。

孟族群体的受教育程度出现两极分化的情况，其中约有 46.2% 的人小学没有毕业，约有 15.4% 的人小学毕业，中学水平的人数占 26.9%，大专及以上人数比例较高，约为 11.5%，略高于缅族的这一比例，但不能简单地认为孟族受教育程度高于缅族，因为也可能是孟族观察值较少导致的。缅甸人口最多的民族缅族中约有 31.4% 的人小学未毕业，约有 20.1% 的人小学毕业，约有 24.3% 的人初中毕业，约有 13.5% 的人高中毕业，约有 10.7% 的人具有大专及以上文凭。掸族中小学未毕业的人数比例约为 35.1%，小学毕业的人数比例约为 30.4%，初中毕业的人数比例约为 17.7%，高中学历的人数比例约为 8.3%，拥有大专及以上文凭的人数比例约为 8.6%（如图 2—6 所示）。

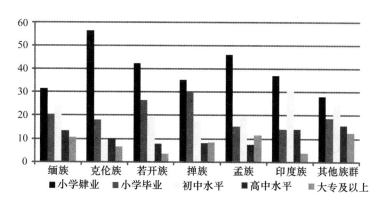

图2—6 按族群、受教育程度划分的样本分布（%）

佛教徒中约有 34.1% 的人小学未毕业，而信仰除佛教外其他宗教的人中约有 29.7% 的人小学没有毕业。佛教徒中约有 21.6% 的人受教育程度为小学，信仰其他宗教的人中约有 13.1% 的人小学毕业。

佛教徒中约有22.4%的人初中毕业,其他宗教信仰者中约有27.6%的人初中毕业。佛教徒中约有12%的人高中毕业,信仰其他宗教的人中约有22.1%的人高中毕业。而佛教徒中约有10%的人拥有大专及以上文凭,其他宗教信仰者约有7.6%的人受教育程度为大专及以上(如图2—7所示)。佛教徒中有相当一部分人没有小学毕业,受教育程度较低。

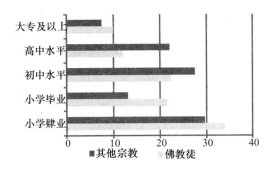

图2—7　按宗教信仰、受教育程度划分的样本分布(%)

第二节　家庭收入情况

家庭是组成社会的最小单元。本节将从月收入、年收入、主观认同的家庭社会经济地位、家庭收支、耐用消费品拥有情况等几个方面描述当前缅甸省邦普通家庭的基本情况。

一　家庭月收入

首先对缅甸家庭月收入进行调查和分析,根据样本中家庭月收入的频数分布,笔者将家庭月收入分为五个等级,分别是"最高收入阶层""较高收入阶层""中等收入阶层""较低收入阶层"和"最低收入阶层"。

从本次调查结果来看,总体上来说缅甸家庭平均月收入约为212036缅币。将家庭月收入按城乡差异进行比较后发现正如许多发展中国家一样,缅甸城市家庭的月收入普遍比农村高,也就是说,较高收入阶层和最高收入阶层的家庭大多来自城镇，而农村家庭多为最低和较低收入阶层。进一步分析发现，农村居民中，约有24.6%的家庭为最低收入阶层，26.4%的家庭属于较低收入阶层，27.8%的家庭为中等收入阶层，13.3%的家庭为较高收入阶层，只有不到一成的家庭（7.9%）处于最高收入阶层。而在城镇家庭中，约有28.3%的家庭属于最高收入阶层，约有27.6%的家庭属于较高收入阶层，约有26.9%的家庭属于中等收入阶层，大部分家庭属于高收入阶层，而仅有10.5%和6.7%的人属于较低和最低收入阶层（如图2—8所示）。

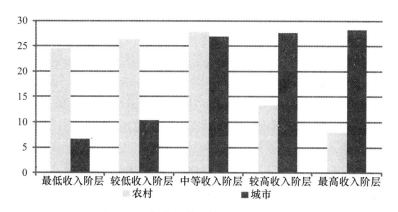

图2—8　家庭月收入的城乡差异（%）

从家庭月收入的族群差异来看，由图2—9可知，若开族家庭收入水平较低，而缅族较高。进一步数据分析显示，若开族家庭中，有近一半的家庭（约47.8%）属于最低收入阶层，约有7.1%的家庭属于最高收入阶层；在缅族家庭中，约有15.7%的家庭属于最高收入阶层，15%的家庭属于最低收入阶层；在克伦族家庭中，约有27.5%的家庭属于高收入阶层（其中较高收入阶层约有17.5%，最高收入阶层为一成左右）；在掸族家庭中，大约二成（18%）的人属于高收入阶层（其中较高收入阶层约有10.5%，最高收入阶层约有7.5%）；在孟族家庭中，约有28.8%的家庭属于高收入阶层（其中较高收入阶层约有13.5%，最高收入阶层约有15.4%）；在印度族家庭中，约有27.3%的人属于高收入人群（其中约18.2%的人属于较高收入阶层，约9.1%的人属于最高收入阶层）。

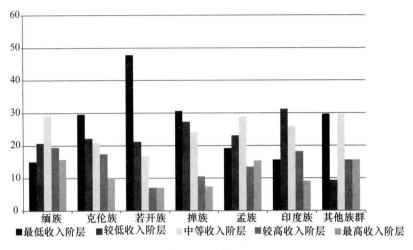

图2—9　家庭月收入的民族差异（%）

　　按宗教划分来看，不同信教群体之间的家庭月收入的差异较小，也就是说，佛教徒和其他宗教群体，以及其他宗教群体内部的家庭月收入差异较小。例如，佛教徒中约有31.2%的人属于高收入阶层（其中较高收入阶层占17%，最高收入阶层占14.2%），其他宗教信仰者中约有36.1%的人属于高收入阶层（其中约有27.1%的人属于较高收入阶层，而9%的人属于最高收入阶层）。虽然大部分佛教徒和其他宗教信仰者的家庭月收入属于中等收入阶层（分别是27.5%和28.5%），但可以看出佛教徒家庭的贫富差距更大，约有19.6%的人属于最低收入阶层，约有14.2%的人属于最高收入阶层，分布在两极的人数相差较小（如图2—10所示）。

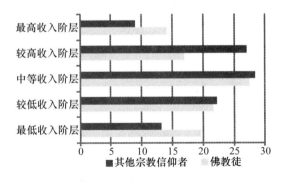

图2—10　家庭月收入的宗教差异（%）

二　家庭年收入

接下来调查了缅甸的家庭年收入状况。调查结果显示缅甸平均家庭年收入约为2564227缅币。对家庭年收入进行城乡对比发现，城乡家庭年收入的差异也较大。数据显示，约一半的农村居民（约51.6%）属于低收入阶层（其中最低收入阶层约有29.2%，较低收入阶层约有22.4%），另外约有一半的城市家庭（约56.2%）属于高收入阶层（其中最高收入阶层约占28.9%，较高收入阶层约占27.3%）（如图2—11所示）。

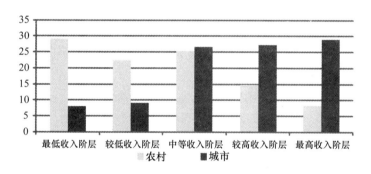

图2—11　家庭年收入的城乡差异（%）

家庭年收入状况较差的民族包括若开族和掸族。数据显示，若开族中约有一半的人（约55.8%）属于最低收入阶层，约有11.5%的人属于较低收入阶层，约有16.8%的人属于中等收入阶层，约有8.9%的人属于较高收入阶层，约有7.1%的人属于最高收入阶层。其次是掸族中约有38.4%的人属于最低家庭年收入阶层，约有20.2%的人属于较低收入阶层，约有21.3%的人属于中等收入阶层，约有12.4%的人属于较高收入阶层，仅约有7.7%的人属于最高收入阶层。相对来说，缅族的家庭年收入较高（约有16.2%的人属于最高收入阶层，约有20.2%的人属于较高收入阶层），且贫富差距较小，即中等收入阶层占了大多数（约占27.3%），另外，约有17.8%的人属于最低收入阶层，约有18.4%的人属于较低收入阶层。孟族中家庭贫富差距也较小，约有28.9%的人属于中等收入水平，约有 13.5% 的人属于较高收入阶层，最高收入阶层的人数约占 15.4%，最低和较低收入阶层的人数比例约为 19.2% 和 23.1%（如图 2—12 所示）。

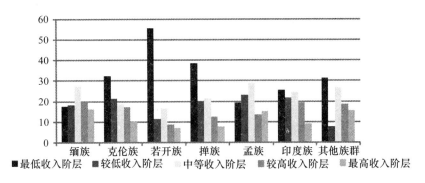

■最低收入阶层　■较低收入阶层　□中等收入阶层　▨较高收入阶层　▨最高收入阶层

图 2—12　家庭年收入的族群差异（%）

佛教徒中处于中等收入阶层的人数比例约为 25.7%，其他宗教信仰者的这一比例约为 26.2%。佛教徒中高收入阶层的人数比例约为 32.6%（其中最高收入阶层约为 14.6%，较高收入阶层约为 18%），而低收入阶层的人数比例约为 41.7%（其中最低收入阶层约为 23.2%，较低收入阶层约为 18.5%）。其他宗教信仰者中高收入阶层的人数比例约为 37.3%（其中最高收入阶层约为 9%，较高收入阶层约为 28.3%），属于低收入阶层的人数比例约为 36.6%（其中最低收入阶层约为 19.3%，较低收入阶层约为 17.2%）（如图 2—13 所示）。

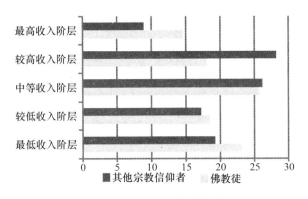

■其他宗教信仰者　佛教徒

图 2—13　家庭年收入的宗教信仰差异（%）

三　主观认同的家庭经济状况

现有的诸多研究成果表明，人们对许多社会现象和社会现实的看法和态度，更多的是取决于自我认定的收入社会经济地位，而不是客观上的经济收入水平，这说明人们在主观上自我认同的社会阶层比客观的收入阶层具有解释力。因此，本次调查还采集了受访者对自己家庭经济状况的主观认识。该题目询问受访者如何认定自己的家庭社会经济状况，回答项依序分为"非常不好""不太好""一般""比较好"四项。

总的来说，大多数受访者认为自己的家庭经济状况"一般"。其中，来自农村的受访者中约有 52.3% 的人认为其家庭经济状况一般，城镇居民中约有 64.5% 的人认为自己家庭经济状况一般。农村受访者中仅有 6.1% 的人认为自己家庭状况"比较好"，城镇受访者中约有 8.8% 的人认为自己家庭经济状况"比较好"，城镇居民相较于农村居民对自身家庭经济状况满意度略高。另外，还有约 32.4% 的农村居民认为自己家庭经济状况"不太好"，城镇居民的这一比例约为 22.9%。还有 9.2% 的农村居民认为"非常不好"，城镇人的这一比例约为 3.7%（如图 2—14 所示）。从数据来看，无论是城市居民还是农村居民，主观上对自己家庭经济状况的满意度均较低。

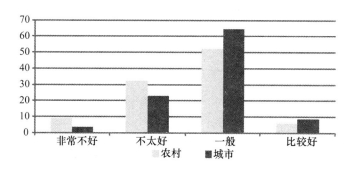

图 2—14　家庭经济状况自评的城乡差异（%）

按族群划分来看，总体来说，各族群对其家庭状况满意度均较低，大部分民族的受访者都认为自己家庭收入状况"一般"，这是由总体分布情况造成的。其中，作为主体的缅族受访者认为家庭经济状况一般的比例约为 56.4%，克伦族的这一比例约为 45.6%，若开族约为 45.1%，掸族为 58%，孟族最高，超过七成（71.2%），印度族的受访者这一比例约为 57.7%。各民族受访者中认为其家庭经济状况比较好的人数比例均未超过 10%，缅族中仅约有 7.9% 的人认为自己家庭经济状况较好，克伦族的这一比例约为 6.7%，若开族为 7.1%，掸族约为 3%，印度族约为 2.6%，孟族最低。与上述家庭月收入和年收入两项调查结果中若开族均垫底相应，若开族中约有 15.9% 的人认为自己家庭经济状况"非常不好"，这一比例高于其他各个民族，说明相较于其他民族，若开族受访者对自己的家庭经济状况的主观评价也最低（如图 2—15 所示）。

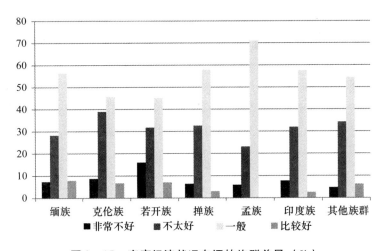

图 2—15　家庭经济状况自评的族群差异（%）

而在宗教因素的差异方面，作为主体的佛教徒与其他宗教信仰者中均有超过一半的人（分别是 55.8% 和 57.2%）认为自己家庭经济状况"一般"。佛教徒中约有 29.4% 的人认为自己家庭经济状况"不太好"，其他宗教信仰者的这一比例约为 35.2%。佛教徒中约有 7.7% 的人认为自己家庭经济状况"非常不好"，其他宗教信仰者的这一比例约为 5.5%。佛教徒中约有 7.2% 的人认为自己家庭经济状况"比较好"，其他宗教信仰者的这一比例仅为 2.1%，低于佛教徒（如图 2—16 所示）。

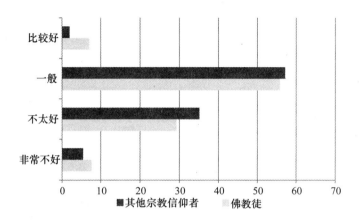

图2—16　家庭经济状况自评的宗教信仰差异（％）

四　家庭收支状况

收支调查通常是了解家庭收入和消费结构，掌握收入水平的分布情况，了解收入来源，分析收入不平等及收入分配问题的途径；同时还从消费支出结构方面了解居民消费层次及消费需求变化。本次调查也采集了受访者的家庭储蓄和收支状况。

从总体来看，大约只有一成的受访者（12.0％）认为自己上一年度的家庭收支能结余存款；另有6.8％的民众认为上一年度的家庭收支入不敷出，不得不动用一定的存款；22.5％的民众表示不仅花了之前的积蓄，而且还向亲友借钱了；但大部分家庭（58.8％）都能达到"收支相抵"的水平，表明在家庭收入普遍偏低的情况下，大多数缅甸家庭都维持最基本的生活开支。

进一步按城乡划分来看家庭收支差异，发现农村受访者中约有10.8％的家庭有存款，城镇受访者中约有14.8％的家庭有存款；农村受访者中约有6.6％的家庭花了一些积蓄，城镇受访者中约有7.2％的家庭花了一些积蓄，另外，农村受访者中约有26.3％的家庭不但花了积蓄而且产生了负债，而城镇居民的这一比例低于农村居民，约为13.3％（如图2—17所示）。可以看出，由于城镇居民收入较农村居民高，所以对于城镇居民来说较容易实现收支相抵和留有存款，而农村居民收入较低，能维持基本的生活需要，其收支状况都表现为支出大于收入，难以实现储蓄且往往形成负债，生活压力较大。

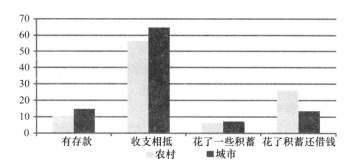

图2—17 家庭收支状况的城乡差异（%）

按族群划分来看家庭收支情况，发现多数族群的家庭都能实现"收支相抵"，各族群均有超过一半的家庭"收支相抵"。具体来说，各族群家庭能实现收支相抵的比例，缅族家庭约为59.6%，克伦族家庭约为56.4%，若开族家庭约为50.4%，掸族家庭约为55.8%，孟族家庭约为67.3%，印度族家庭约为62.8%。由上述内容中可以知道，若开族家庭收入较低导致其有高达33.6%的人表示自己家不但花了积蓄而且产生了负债，这一比例高于其他民族。另外，表示家中"有存款"的民族中缅族家庭（约为13%）和孟族家庭（约为15.4%）的比例较高（如图2—18所示）。

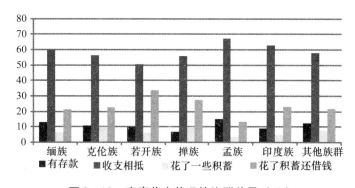

图2—18 家庭收支状况的族群差异（%）

按佛教徒家庭和非佛教徒家庭划分来看，无论是佛教徒还是其他宗教信仰者，大部分家庭都是"收支相抵"（分别是58.7%和61.4%）；佛教徒中约有12.2%的人表示"有存款"，其他宗教信仰者中约有 7.6% 的人"有存款";而佛教徒中约有 6.8% 的人收入不够用而花了一些积蓄,其他宗教信仰者的这一比例约为 6.9%;另外,佛教徒中有高达 22.4% 的人不但花了积蓄而且产生了负债,其他宗教信仰者的这一比例约为 24.1% (如图 2—19 所示)。

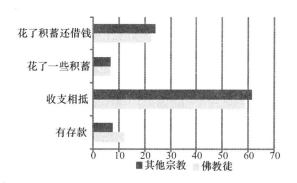

图 2—19　家庭收支状况的宗教信仰差异（%）

综上所述,缅甸受访者中背负债务的家庭比有存款的家庭所占比例高。有相当一部分家庭都存在收入不够使用的情况。对于部分家庭来说,一方面因为收入较低,另一方面年轻人的过度消费习惯和行为使得家庭收支状况较差,不能进行有效的储蓄。

五　家庭拥有电器情况

缅甸自 2011 年政治转型以来,逐渐融入全球市场经济,全球不同地区的各类轻重工业产品涌入缅甸,各国的外资也纷至沓来,从而使缅甸经济逐年得到发展,GDP 增长幅度一直保持在两位数,增长幅度位居全世界高位发展前列,人民生活水平得到了很大改善和提高。由此,缅甸普通家庭和民众对家电的需求也保持稳定增长势头。

（一）声像电器

声像电器可以被用来获取外界的信息,提高生活乐趣和丰富娱乐活动。图 2—20 显示了电视、DVD 和收音机等声像电器在受访者中的普及程度。按电器类别来看,彩色/黑白电视和 DVD/EVD 播放器的普及程度最高,其中普及率较低的 DVD/EVD 播放器在农村都达到了 42.6%;按城乡分类来看,可以看出农村地区获取外界信息的主要声像电器是收音机/晶体管收音机（40.1%），其他三类声像电器的普及率均相对于城市要低。

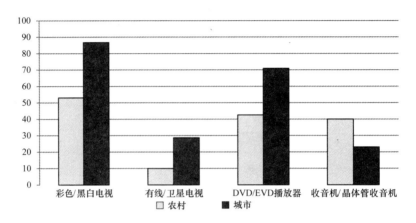

图2—20　声像电器普及程度的城乡差异（%）

图2—21显示了声像电器在各省邦的普及率的差异。由图2—21看出，各省邦的电视机普及率均较高，但若开邦地区仅有14.3%的家庭拥有电视机，该地区有线/卫星电视（约2.9%）、DVD/EVD播放器（8.6%）的普及率也较低。

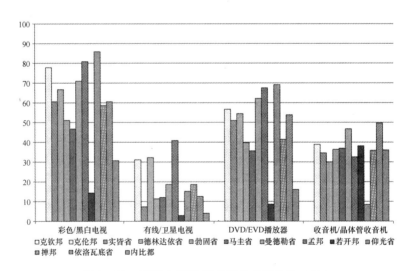

图2—21　声像电器普及程度的省邦差异（%）

图 2—22 显示了声像电器在各族群普及率的差异。各个族群中电视机的普及率均较高，特别是孟族中约有 90.4% 的家庭均拥有电视机，但若开族中仅约有 20.4% 的家庭拥有电视机，这一比例低于其他族群。

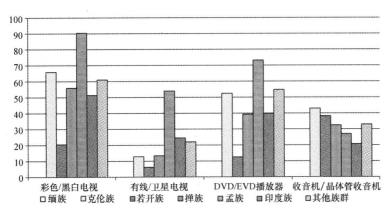

图 2—22 声像电器普及程度的族群差异（%）

（二）移动电话

移动电话是现代社会中人与人之间交流和交换信息的重要终端。由图 2—23 可以看出，城镇居民中超过九成的人拥有移动电话，而农村中的这一比例约为六成（62%），说明移动电话在城镇的普及率高于农村，即城镇居民有更多使用移动电话进行信息交流和感情联络的机会，城镇环境较开放，而农村社会较封闭。

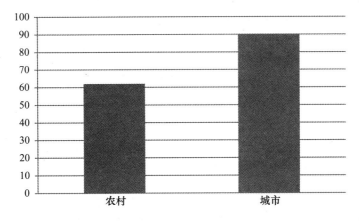

图 2—23 移动电话普及程度的城乡差异（%）

图 2—24 显示了各省邦移动电话普及程度的差异。按省邦划分来看，总的来说，各个省邦中拥有移动电话的家庭比例均较高，其中德林达依省中约有 42.22% 的家庭拥有移动电话，这一比例低于其他省邦，说明该省的移动电话普及率较低。

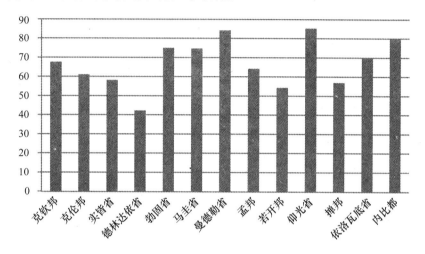

图 2—24　移动电话普及程度的省邦差异（%）

图 2—25 显示了移动电话普及程度的族群差异。从移动电话拥有率的族群差异看，各个族群拥有移动电话的家庭比例差异较小，移动电话在各个民族中的普及率均较高，达到了一半以上。

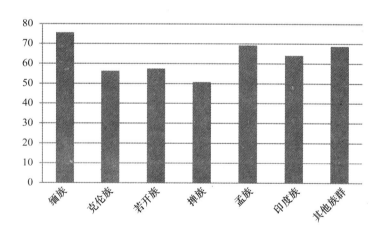

图 2—25　移动电话普及程度的族群差异（%）

（三）制冷电器

地处热带地区的缅甸常年炎热，电风扇和冷却器的使用能使当地人减少炎热带来的不适，使用冰箱或冰柜保鲜食物、享受舒适的温度和新鲜的食物都是其生活质量的体现，所以本次调查中询问了受访者拥有电风扇或冷却器、冰箱或冰柜的情况。

图 2—26 显示了制冷电器普及率的城乡差异。从中可以看出，城镇的生活质量明显高于农村。城市居民中约有 62.03% 的家庭使用电风扇/冷却器，约有 44.29% 的家庭有冰箱/冰柜，而农村居民中仅约有 12.43% 的家庭拥有电风扇/冷却器，仅约有 6.15% 的家庭拥有冰箱/冰柜。

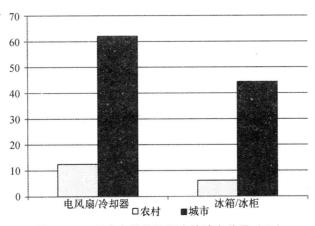

图 2—26　制冷电器普及程度的城乡差异（%）

由图 2—27 可知，马圭省和若开邦的家用电器普及率较低，马圭省中仅约有 6.2% 的家庭使用电风扇/冷却器，仅约有 4% 的家庭拥有冰箱/冰柜；若开邦中使用电风扇/冷却器、冰箱/冰柜的家庭比例均仅有 1%。仰光省拥有电风扇/冷却器的家庭超过七成，这一比例高于其他地区，说明仰光省对电风扇/冷却器的使用率较高。值得注意的是，内比都地区仅约有 1.3% 的家庭拥有电风扇/冷却器，而约有一半的家庭（约 56.8%）拥有冰箱/冰柜。这可能是因为，内比都的人口大多为公务员，他们平时在办公室上班，周末回仰光，所以目前暂时不需要在家里安装电风扇/冷却器，但保存食物的冰箱/冰柜是必备的。从这个角度说，随着时间的推移，越来越多的公务员将逐渐习惯于长住内比都，以提高工作效率和降低交通成本，如此一来，这一地区的电风扇/冷却器等的市场前景比较看好。

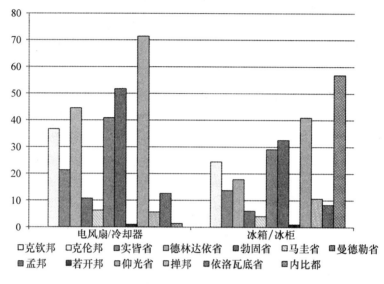

图2—27   制冷电器普及程度的省邦差异（%）

由图2—28可以看出，除孟族的电风扇/冷却器普及率相对较高以外，其他各族群的普及率都相对较低；冰箱/冰柜的普及率在各族群都相对较低。

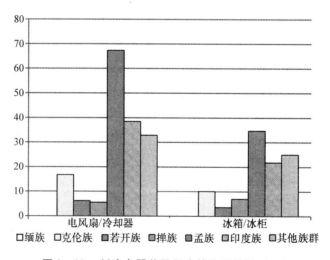

图2—28   制冷电器普及程度的族群差异（%）

另有数据显示，受访者家庭中拥有照相机/录像机、电脑、固定电话、空调的比例较低，难以进行城乡、地区和民族之间的比较，此处对普及率较少的项目进行单独描述（如图2—29所示）。受访者中仅约有1.8%的家庭拥有照相机/录像机，仅约有4.1%的家庭拥有电脑，仅约有4.2%的家庭拥有固定电话，仅约有2.1%的家庭拥有空调。由此可以看出，缅甸居民随着生活水平的提高，对照相机/录像机、电脑、固定电话、空调的需求将有极大的提升空间。

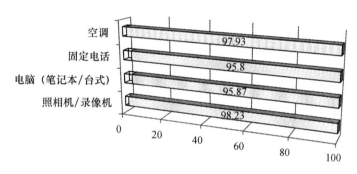

图2—29　其他电器的普及程度（％）

总体来说，缅甸居民家电存在基本家用电器普及率不高，高档家电普及率低，城乡、省邦、族群家电普及率差异大的现状，具有一定的市场发展前景。

（四）制约缅甸家电市场发展的主要因素

一般来说，制约市场发展的主要因素包括收入因素、文化因素和社会因素等。从收入因素来说，收入水平高，则消费领域较广，消费层次也较高；收入水平低，则消费领域窄，多集中于基本生活消费方面，从而消费结构层次也较低。文化因素则包括居民的消费选择偏好等方面。社会因素包括社会稳定和社会最低保障问题，社会越稳定，社会保障体系越发达，则越能促进居民消费。本部分主要将从这三方面来探讨制约缅甸家电市场发展的主要因素。

1. 社会因素：缅甸国内民族矛盾影响缅甸边境贸易市场

缅甸的民族问题始终是困扰缅甸和平发展进程的重要问题。特别是缅北民族冲突在其民族国家建设的民族问题中，更加凸显和尖锐，可以说它是整个民族国家总的民族问题中影响最大的部分。缅甸北部民族冲突素来以最为激烈、最为复杂和最为持久而为世人所知。与中国接壤的缅甸掸邦和克钦邦中克钦族与我国境内的景颇族同属一民族，而掸邦中的掸族又与我国境内的傣族归属于同一民族跨境而居。像这样的情况还很多，如崩龙族、果敢族、佤族等都与我国境内的德昂族、汉族、佤族属同一民族跨境而居。在缅甸的民族中，缅族占了65%，其他少数民族为了获得相应的政治和经济权利，一直以来拥兵自重，以武力与缅甸中央政府相抗，这种冲突由来已久，有着深刻的历史根源和背景。无论是巩发党执政，还是现在的民盟执政，他们都想把国内的民族和解和民族发展问题提上议事日程，深入推进改革发展和实现国内民族和解，但是，各种复杂的历史问题与现实问题交织在一起，"冰冻三尺，非一日之寒"，要想彻底改变和解决缅甸国内民族问题还是道路漫长。2016 年 11 月 20 日民联军与缅政府军在缅甸最大的陆地口岸木姐附近发生激烈战事，严重破坏了中缅边境贸易和边境地区的安全环境，大量难民涌入中国德宏边境县市，给中国边境地区也带来了许多问题。中缅边境贸易近乎停止，许多口岸处于半关闭或关闭状态，不可避免地给许多商人造成巨大经济损失，甚至导致商人血本无归，这种状况对我国边疆地区的经济发展造成不小的影响，对瑞丽国家重点开发开放试验区建设来说更是产生极大的负面作用。因此，缅甸国内的民族和解与和平建设问题始终是影响缅甸经济发展的重要因素，对国家之间的贸易往来产生极大的负面作用，也会对缅甸的家电市场持续稳定地增长繁荣产生动态影响。

2. 经济因素：贫富差距大制约消费市场需求侧

尽管新的政府上台致力于改善缅甸民生，但缅甸贫富差距较大的现实将在一段时间内长期存在。联合国数据显示，缅甸 2012 年城市人口占全国人口的比例仅为 33.2%，农村人口仍占大多数，且 2011 年人均国内生产总值为 1144 美元，远未达到国际上的中产阶级标准。并且近年来，缅甸的贫富差距还在拉大，全国 30 个富人财产约 300 亿美元，超过缅甸 2013 年国内生产总值的一半，大部分平民仍处于贫困状态，较少享受到其改革成果。曼德勒、内比都等少数大城市发展较好，但其他地区普遍落后。仰光市一般工人月工资在 100 美元左右，广大中小村镇收入更低。全国 75% 的人缺电、26% 的人处于极端贫困状态。这些现状都反映了目前缅甸尽管一小部分居民具有较大购买力，但其贫富差距较大，大部分居民难以保障基本生活，进而影响其消费增长。

这一点既是其家电市场目前发展的困境，也是未来其家电市场发展的机遇。随着缅甸经济发展、民生改善，其家电市场也拥有更大的提升空间。

3. 文化因素："中国制造"面临的困境与挑战

中国制造的产品在缅甸市场上可以说处于后来居上的地位，这一点可以从对缅甸家电市场四个阶段的划分上看出。缅甸家电市场的发展历程可以被分为以下四个阶段。

第一阶段为 20 世纪 50 年代至 60 年代初。当时缅甸的电子电器工业几乎是零。在缅甸能拥有一台欧美的电子管收音机或日产的带式录音机是少数"高端人群"才有的权利，对于广大民众来说，是可望而不可即的。到了 60 年代中期，缅甸开始与日本松下电器合作生产收音机、电饭煲，后来也生产卡式录音机。

第二阶段为 20 世纪 60 年代中期至 80 年代末，日产小家电如电冰箱、空调、电视机、电熨斗、各种高级音响充斥缅甸市场。但由于缅甸整体经济发展滞后，特别是供电及电力设备跟不上社会发展的需要，从而造成缅甸各地不能正常供电，电力极度紧张，常常断电，且电压不稳定，致使各种娇嫩的小家电容易损坏。由此造就了缅甸电子市场上本土电子制造业的雏形。市场上涌现出许多本地私人制造的各种调压器、稳压器、用电保护器、直流转交流逆变器等。

第三阶段为 20 世纪 90 年代初至 90 年代末。缅甸逐步开始实行对外开放政策，国外各种各样的小家电，包括电子计算机和各类电子产品大量涌入缅甸。开始是新加坡生产的日本名牌东芝、松下的各种电器占据缅甸各处市场，到处可见单一的各种日本产品系列。到了 90 年代后期，马来西亚、泰国等东南亚各国制造的大量电器产品开始涌入缅甸市场，改变了缅甸市场上单一的各种日本产品垄断性质的占有率，让缅甸消费者有了更多的选择。

第四阶段为 21 世纪初至今。随着社会的发展和时代的变迁，中国制造的产品开始大量占据全球各地市场。与中国紧紧相邻的缅甸更是明显。现在缅甸电子电器市场上能够看到的产品绝大部分都是made in china，物美价廉、琳琅满目的中国电子产品受到广大缅甸老百姓的喜爱，小至 LED 手电筒、多波段袖珍收音机，大至冰箱空调甚至各种工业用电子电器设备已经占据缅甸市场大多数份额。比如，华为、中兴等中国通信企业已经成为缅甸整个电信产业的有机组成部分，占据缅甸大部分的市场份额。然而目前中国的产品质量参差不齐，就像早期的日本产品好看易损。仰光的商务投资顾问人士 Khaing Tun 表示："虽然大多数中国产品都符合我们缅甸人的需要，也比其他国家的产品价格更低廉。但是所有中国产品的使用寿命一般都不长，因为质量不是太好。甚至可以这样说，'中国制造'的标识已经让许多缅甸人在购买商品时感觉非常不好"，这给缅甸许多消费者造成了困惑，特别是中缅边境贸易中有些商人，唯利是图，以次充好，以旧产品翻新充当新产品来卖给缅甸民众，极大地损害了中国制造的产品形象和品牌形象，伤害了缅甸民众感情。可喜的是在中国政府的重视和治理整顿下，这种现象近几年来已经有了很大的改善。

　　另外，中国的一些出口商也没有积极介绍和推销中国的中高档产品，往往让缅甸人以为中国的产品质量比不上其他国家的同类产品。仰光的一些女性顾客表示，对于经济条件比较好的消费者而言，一些普通生活用具如刀、叉等，她们也许会考虑使用中国产品，除了这些东西不太重要外，关键是价格的确很低；但如果是一些化妆品、食品等与人体直接接触，甚至要吃进肚子的东西，她们更愿意多花钱购买日本、韩国、泰国甚至欧美货，原因就是这些国家的产品质量靠得住。由于缅甸连接东南亚与南亚，是中国"一带一路"、孟中印缅经济走廊和国家能源安全建设必争之地，具有重要战略地位，西方与中国在缅甸多方位交锋日趋激烈，甚至有的媒体、组织会拿中国产品质量问题做政治文章。为了更加理性、务实地做好缅甸市场，中国商务部已经建议，中国企业和公司今后应该把推销重点放在中产阶级消费层级上，推销产品以中高档产品为主，同时指出中国的许多企业对创品牌重视不足，缺乏必要的投入和耐心，要加以改进和关注。所以，如果中国制造的电子及家电产品继续不注重质量，不注重品牌，不注重售后服务，只注重低价取胜的策略，在今后的市场竞争中仍然会使已占据的市场被日本、韩国、欧美及东南亚国家的产品所替代。

（五）未来缅甸家电市场前景预测

1. 可预期的经济增长和年轻的人口结构将有助于扩大家电市场消费

缅甸自然环境条件优越，资源丰富，但多年来工农业发展缓慢。1987 年 12 月缅甸被联合国列为世界上最不发达国家之一。1989 年 3 月 31 日，缅甸政府颁布《国营企业法》，宣布实行市场经济，并逐步对外开放，允许外商投资，农民可自由经营农产品，私人可经营进出口贸易。2011 年，缅甸民选政府上台后，以促进农业发展，建立工业化国家，建设廉洁高效政府，提高人民福祉，缩小贫富差距，提高人民生活水平为目标，继续加大改革开放和招商引资的力度，大力加强各种基础设施建设，有力地推进了缅甸经济发展。目前，缅甸私营经济占主导地位，约占国民生产总值的 75%。据亚洲开发银行报道，缅甸经济 1992—1995 年得到了较快的发展，GDP 年均增长率达 7.5%；1995—2001 年年均经济增长率达 8.4%；2001—2006 年，GDP 年均增长 12.8%，经济总量增加 1.83 倍；2011—2014 年，缅甸 GDP 年均增长速度达到了 7.2%。至 2014 年，缅甸 GDP 总量达到 5.9 万亿缅元，财政总收入 1.38 万亿缅元。由于多年来缅甸经济持续增长，人民生活水平也得到极大改善，购买力得到了很大提高。1992—2013 年这 22 年，缅甸人均购买力增长了 396%，年均增长 7.55%，如此跨度的时间内，如此快速的增长，完全属于经济腾飞，只是经济起点太低，才没有让世人瞩目。比如，2001 年实现了人均购买力最快的 11.5% 的增速，2003—2005 年连续 3 年达 11% 以上的增速。只是近几年经济发展水平已经不算太低了，并且由于美国金融危机的影响，人均购买力增速已经不算太快了，近 3 年只是保持在 4% 附近，如果加上 2% 的人口增速，依然达到 6% 以上。因此，缅甸 5400 万人口的大市场，对任何家电企业来说都是不可忽视的。

同时，相较于中国家电市场产能过剩、内需增速放缓，在缅甸，照相机/录像机、电脑、固定电话、空调的普及率较低（低于 5%），仍属于奢侈品。据《缅甸时报》报道，2015 年 5 月 29 日，缅甸官方公布的数据显示，缅甸目前 27 岁以下人口占到 50%，可以说人口结构非常年轻。年轻居民易于接受新兴事物，消费欲望较强，消费观念超前，有潜力成为推动家电市场消费的主力。

2. 不平衡的家电市场发展将带来较大的市场需求空间

缅甸的家电市场的发展存在着城乡、省邦和地区之间不平衡的状况。如从缅甸城乡制冷家电调查数据来看，城市居民中约有 62.03% 的家庭使用电风扇/冷却器，约有 44.3% 的家庭有冰箱/冰柜；而农村家庭中仅约有 12.43% 拥有电风扇/冷却器，仅约有 6.2% 的家庭拥有冰箱/冰柜。有的省邦制冷家电的普及率非常低，如马圭省中仅约有 6.2% 的家庭使用电风扇/冷却器，仅约有 4% 的家庭拥有冰箱/冰柜；若开邦中使用电风扇/冷却器、冰箱/冰柜的家庭比例均仅达 1%。值得注意的是，内比都地区仅约有 1.3% 的家庭拥有电风扇/冷却器，而约有一半的家庭（约 56.8%）拥有冰箱/冰柜。城市影音影像设备的普及率高于农村，城市居民中约有 86.78% 的家庭拥有彩色/黑白电视，约有 28.7% 的家庭拥有有线/卫星电视，约有 71% 的城市家庭有 DVD/EVD 播放器，约有 23.05% 的家庭有收音机。农村中约有一半的家庭（约 53.14%）拥有彩色/黑白电视，但是农村中使用收音机的家庭比例高于城市，可以看出，相较于城市人，农村人多是通过收音机获取信息和进行娱乐消遣。各个省邦的电视机普及率均较高，但是，各省邦之间发展不平衡，如若开邦地区仅有 14.3% 的家庭拥有电视机，该地区拥有有线/卫星电视的家庭只有大约三成，DVD/EVD 播放器只有 8.6% 的普及率。德林达依省中只有约 42.22% 的家庭拥有移动电话，移动电话普及率较低。对于较为昂贵的家用电器，调查中仅约有 1.8% 的家庭拥有照相机/录像机，仅约有 4.1% 的家庭拥有电脑，仅约有 4.2% 的家庭拥有固定电话，仅约有 2.1% 的家庭拥有空调。

缅甸已经走上了政治和经济转型发展的道路，与世界和平发展潮流已紧紧联系在一起，无论其执政党之间如何轮换，缅甸国内的民主、民生和民族和解发展问题将始终是缅甸政府、执政党和在野党之间回避不了且要解决的重要议题。缅甸自身资源丰富，地理位置优越，处于大中华经济文化圈、东南亚经济文化圈和与南亚经济文化圈的重要交会点上。如能继续保持国内政治稳定,大力加强民族团结和解进程,始终把民众的福祉,缅甸各族民生、民权和民族和平发展问题放在首位,加大改革开放力度,严厉打击和惩治腐败,不断调整国内经济结构,大力消除贫困和贫富不均现象,缅甸经济持续稳定地增长是可期之事,缅甸民众的生活水平和质量也能逐渐提高。民众逐渐提升的消费需求和不断提高的购买力水平必会进一步促进缅甸家电消费品市场的繁荣与发展,也必会促进缅甸市场经济的进一步繁荣与发展。

第 三 章

就　业

　　就业是指在法定年龄内的具有劳动能力和劳动意愿的个体所从事的为获取报酬或经营收入进行的体力或脑力活动。本章笔者基于2015年"GMS国家综合社会调查"缅甸部分的数据，对缅甸普通民众的工作现状进行描述。本章描述的内容包括收入、收入满意度、工作满意度及职业晋升或发展机会等几个方面。

第一节　个体收入

　　收入作为衡量职业的重要指标，在问卷中体现为问题"您每月的个人收入为多少"，单位为缅甸货币缅元。

　　正如国内外的大部分问卷调查一样，收入在任何社会都是比较敏感和隐私的话题，在缅甸也不例外。因此，跟国内外的许多问卷调查一样，本次调查的受访者收入是缺失值最大的一个变量。在应答样本量为1983个的情况下，个体的工资最低收入者有3000缅元，最高工资收入者有600万缅元，标准差为19.6万缅元，这表明虽然缅甸还没有进入经济起飞阶段，但国内贫富差距已经开始拉大，这与多数学者和观察员对当前缅甸收入差距的认知是一致的。为便于统计描述，笔者将"最低收入阶层"和"较低收入阶层"进行加总得到"中等以下收入阶层"，将"最高收入阶层"与"较高收入阶层"进行加总得到"中等以上收入阶层"。

　　从收入分配的性别差异来看，由图3—1可以得到，在女性被调查者中，中等以下收入者占比51.47%，中等收入阶层占比18.4%，中等以上收入者占比30.1%。也就是说，被调查者中一半以上的女性都分布在中等以下收入阶层。在男性被调查者中，中等以下收入者占比 33.9%，中等收入者占比 20.9%，中等以上收入者占比 45.2%。也就是说，男性被调查者较多分布在中等以上收入阶层，其中等以上收入者占比比女性高出约 15 个百分点。

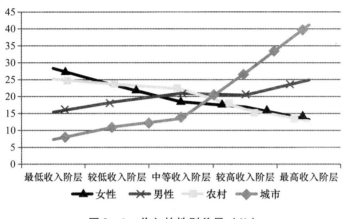

图 3—1　收入的性别差异（%）

按城乡个体收入差距来看，在农村被调查者中，中等以下收入者占比 48.8%，中等收入者占比 22.2%，中等以上收入者占比 29.0%；在城市被调查者中，中等以下收入者占比 18.5%，中等收入者占比 13.5%，中等以上收入者占比 68.1%。城市中等以上收入的被调查者占比比农村高出约 39 个百分点，中等以下收入的被调查者占比比农村要低 30.3 个百分点（如图 3—1 所示）。通过对比可以发现，收入阶层的城乡差异比性别差异体现得更为明显，城乡收入差距较大。

不同的年龄意味着处于职业生涯的不同阶段，对于收入也有着重要影响。下面笔者描述个人收入阶层的年龄差异。由图 3—2 可知，18—29 岁这个组别，作为刚步入职场的年轻人，中等以下收入者占比 46.2%，中等收入者占到了 20.3% 的比例，中等以上收入者占比 33.5%。也就是说，18—29 岁年龄组中，中等以下收入者占到了接近一半的比例。30—39 岁组别中，中等以下收入者占比 34.7%，中等收入者占比 19.6%，中等以上收入者占到了 45.7% 的比例。也就是说，在这个年龄组别中，接近一半的人分布在中等以上收入阶层。在 40—49 岁组别中，中等以下收入者占比 40%，中等收入者占比 16.9%，中等以上收入者占比 43.1%，稍向较高和最高收入阶层倾斜。同时这个年龄组是所有组别中方差最小的，为 4.3，意味着在这个年龄组别中，收入在五个阶层中分布是最平均的。在 50—59 岁这个组别中，中等以下收入阶层占比 40.9%，中等收入阶层占比 22.4%，中等以上收入阶层占比 36.7%，即分布稍向中等以下收入阶层倾斜。在 60 岁及以上这个年龄组中，中等以下收入阶层占比 47.5%，中等收入阶层占比 22.4%，中等以上收入阶层占比 30.1%，中等以下收入阶层占到绝大部分比例。

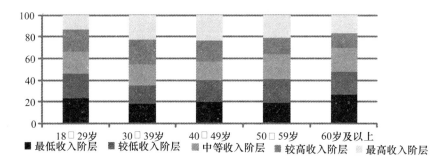

图 3—2　收入的年龄差异（%）

从数据对比中可以看出，30 岁和 50 岁是两个分水岭，在 30 岁之前，即 18—29 岁，收入主要分布在中等以下阶层，在 50 岁之后，收入也主要分布在中等以下阶层；而在 30 岁和 50 岁之间，收入主要分布在中等及中等以上阶层。这很好理解，从职业生涯及社会资本的角度都可以进行解释，30 岁之前事业处于积累期，在 50 岁之后事业则出现稳定甚至下滑，30—50 岁则正值壮年，这个阶段能力、资本、经验的积累达到峰值，事业达到职业生涯中的顶峰，收入自然也就最高。

分析收入的受教育程度的差别可以观察受教育程度对于收入的影响。由图 3—3 可知，在小学肄业组中，中等以下收入阶层占比 52.71%，中等收入阶层占比 24.55%，中等以上收入阶层占比

22.74%，其中中等以下收入阶层超过半数；在小学毕业组中，中等以下收入阶层占比 50.22%，中等收入阶层占比 18.41%，中等以上收入阶层占比 31.36%；在初中水平组中，中等以下收入阶层占比 35.82%，中等收入占比 17.58%，中等以上收入阶层占比 46.6%；在高中水平组中，中等以下收入阶层占比 23.95%，中等收入阶层占比 21.01%，中等以上收入阶层占比 55.04%；在大专及以上群组中，中等以下收入阶层占比 10.21%，中等收入占比 11.29%，中等以上收入阶层占比 78.49%。

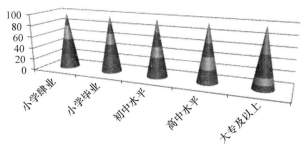

■最低收入阶层 ■较低收入阶层 ■中等收入阶层 ■较高收入阶层 ■最高收入阶层

图3—3　收入的受教育程度差异（%）

可以明显地看出，随着受教育水平的提高，中等以下收入阶层占比逐渐减小，中等以上收入阶层的占比越来越大。从中可以发现，缅甸也跟其他许多国家一样，受教育程度的提高与收入的增加有着正相关关系。

缅甸是一个多族群的国家[①]，共有 135 个民族。缅族是缅甸最主要的民族，约占总人口的 65%[②]。通过图3—4 来看个体收入的族群差别，可以发现作为主体的缅族，中等以下收入阶层占比 36.5%，中等收入阶层占比 19.5%，中等以上收入阶层占比 44.0%，占比最大的是中等以上收入者；克伦族则是中等以下收入者，占比 49.5%，中等收入阶层占比 23.8%，中等以上收入阶层占比 26.7%，中等以下收入者占到了近一半

---

①　缅甸民族国家建构的问题不在本书描述之列。

②　中华人民共和国外交部：《缅甸国家概况》（http://www.fmprc.gov.cn/web/gjhdq_676201/gj_676203/yz_676205/1206_676788/1206x0_676790/）。

的比例；若开族最低收入占比最高，达到了 41.6%，中等以下收入也是所有这些族群里最高的，达到了 63.6%，中等收入阶层占比 10.4%，中等以上收入阶层占比 26.0%；掸族中等以下收入阶层占比 52.8%，中等收入阶层占比 23.4%，中等以上收入阶层占比 23.8%，掸族中等以下收入阶层占比超过了一半；孟族中等以下收入阶层占比 36.4%，中等收入阶层占比 30.3%，中等以上收入阶层占比 33.4%，占比最大的是中等以下收入阶层；印度族中等以下阶层占比 31.7%，中等阶层占比 26.8%，中等以上阶层占比 41.5%，占比最大的是中等以上收入阶层；其他族群中等以下收入阶层占比 51.0%，中等收入阶层占比 6.1%，中等以下收入占比 42.9%，中等以下收入阶层占比超过了一半。

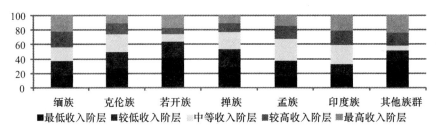

图 3—4　收入的族群差异（%）

通过对数据对比分析可以发现，印度族是所有族群中等以下收入阶层占比最小的民族，若开族则是中等以下收入阶层占比最大的民族；其他族群是中等收入阶层占比最低的，仅为 6.1%，表现出较为明显的贫富分化；而孟族的中等收入阶层最多，为 30.3%，中等以下和以上收入阶层的分布也较为均匀，但是中等以下收入阶层和中等以上收入阶层占比还是要稍高于中等收入阶层，分别为 36.4% 和 33.4%；缅族是所有族群中方差最小的，仅为 3.8，也即所有族群在五个阶层中分布最为平均的，而若开族是所有族群在五个阶层中分布最为不平均的，其方差最大，为 142.8，其分布集中于中等以下收入阶层。

地区收入差距是经济发展不平衡的一个重要指标。图 3—5 显示了缅甸各省邦之间的个体收入差距。由此可知，克钦邦中等以下收入

者占比35.4%，中等收入阶层占比26.2%，中等以上收入阶层占比
38.5%；克伦邦中等以下收入者占比53.6%，中等收入者占比
26.1%，中等以上收入阶层占比20.3%；实皆省中等以下收入者占
比63.4%，中等收入者占比18.0%，中等以上收入者占比18.6%；
德林达依省中等以下收入者占比21.7%，中等收入者占比25%，中
等以上收入者占比53.4%；勃固省中等以下收入者占比42.3%，中
等收入者占比22.3%，中等以上收入者占比35.4%；马圭省中等以
下收入者占比60.1%，中等收入者占比15.7%，中等以上收入者占
比24.2%；曼德勒省中等以下收入者占比35.8%，中等收入者占比
20.5%，中等以上收入者占比43.7%；孟邦中等以下收入者占比
40.5%，中等收入者占比27.0%，中等以上收入者占比32.4%；若
开邦中等以下收入者占比70%，中等收入者占比10%，中等以上收
入者占比20%；仰光省中等以下收入者占比将近5%，中等收入者占
比8.3%，中等以上收入者占比86.8%；掸邦中等以下收入者占比
47.2%，中等收入者占比23.8%，中等以上收入者占比29.0%；依
洛瓦底省中等以下收入者占比37.2%，中等收入者占比20.9%，中
等以上收入者占比41.9%；内比都中等以下收入者占比41.7%，中
等收入者占比37.5%，中等以上收入者占比20.8%。

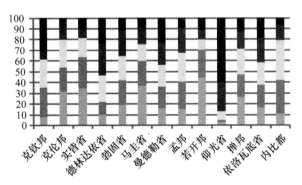

■ 最高收入阶层　■ 较高收入阶层　▨ 中等收入阶层　▨ 较低收入阶层　▨ 最低收入阶层

图3—5　收入的省邦差异（%）

对数据进行对比可以发现，中等及以上收入者较多的地区有克钦

邦、德林达依省、曼德勒省、仰光省以及依洛瓦底省。其中,仰光省中等及以上收入者占比最大,为95.1%,并且最高收入阶层者占比也最大,为60.3%,中等收入、较低收入、最低收入阶层占比也都是最小的,分别为8.5%、2.5%、2.5%,呈现出富裕者占绝大多数、中等收入者和贫困者占少数的情况;克伦邦、实皆省、勃固省、马圭省、孟邦、若开邦、掸邦、内比都为中等及以下收入者占比较大的地区,其中,若开邦中等及以下收入者占比最大,为80%,中等以下收入阶层占比也最大,为70%,最低收入阶层占比也最大,为44.3%。

第二节 收入和工作满意度

满意度是指受访者认为在某个特定的方面自身拥有的现状已达到或超过其预期的一种感受,其核心概念是感受(Perception),是一个心理指标。国内外多数调查的结果显示,个体基于主观感受的认同(满意)程度与客观的指标评价往往具有很大的差距。

一 收入满意度

个体的收入是客观指标,而收入满意度则是一个主观指标。在本次调查中这个问题是这样提问的:"您对自己目前工作的工资和福利等收入的满意度如何?"有四个回答选项,分别是"非常满意""比较满意""不太满意""非常不满意"。从样本的总体分布来看,表示对自己的收入感到非常满意的不到二成(17.4%),但另外有将近一半的受访者(49.5%)表示比较满意;而表示不太满意和非常不满意的受访者比例分别为27.1%和6.0%,由此可知,尽管全国的收入悬殊,但只有极少数人表示对个体的收入水平表示非常不满意。

进一步按性别划分来考察缅甸民众的收入满意度,如图3—6所示,总体上来说,在收入满意度方面并没有显著的性别差异,如大约有18.4%的女性受访者对个人收入表示"非常满意",也同样有超过16.7%的男性受访者表示"非常满意",两者非常接近;又如,将近一半的女性受访者(49.8%)表示对自己的收入"比较满意",也有将近一半的男性受访者（49.3%）表现出同样的态度，两者相差无几。

而从个体收入满意度的城乡差别来看，城镇受访者的满意度明显高于农村受访者。例如，农村受访者中选择"非常满意"的占比16.5%，城镇居民选择"非常满意"的比例为19.9%，高于农村3.4个百分点；农村受访者中选择"比较满意"的占比48.5%，城镇高于农村3.8个百分点。由此可知，收入满意度的城乡差别比性别差别略大，但城乡之间的收入满意度是否具有统计显著的差异，仍需进行深度分析才能得出结论。

由以上可知，收入的多少与收入满意度之间并无直接的相关关系。女性受访者的收入虽然总体上低于男性，收入满意度并没有明显的性别差异，甚至女性满意度略高于男性（尽管没有统计显著性）。因此不妨说，满意度作为一个主观方面的测量，可以体现出女性有可能比男性更容易知足。

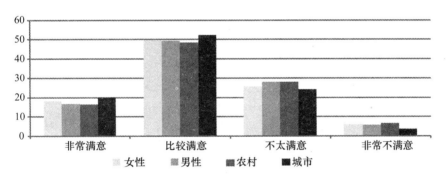

图3—6　收入满意度的性别、城乡差异（%）

接下来描述不同年龄组之间的收入满意度差异。为了便于描述，把原始问卷中的"非常满意"与"比较满意"合并为"满意"，把"不太满意"和"非常不满意"合并为"不满意"。如图3—7所示，在18—29岁年龄段的受访者中，有接近69%的民众选择"满意"，表示"不满意的"只有三成左右（31%），也就是说，年轻人中对个体收入表示满意的比例超过表示不满意的两倍；在30—39岁年龄组中，有66%的受访者选择"满意"，另有34%的受访者选择"不满意"，收入满意度比更为年轻的受访者低 3 个百分点，但似乎没有统计显著的年龄组间差异；对于 40—49 岁的受访者来说，将近七成的民众（69.8%）选择"满意"，有 30.2% 的民众选择"不满意"，与最年轻一组的收入满意度几乎没有差别；而对于临近退休的 50—59 岁的中老年人来说，有 63.2% 的受访者对个体收入表示"满意"，36.8% 的受访者表示"不满意"；在 60 岁及以上的年龄组中，也只有 65.4% 的受访者选择"满意"，34.6% 的受访者选择"不满意"。

由此可知，按照选择"满意"的比例从大到小进行排序，顺序依次是：40—49 岁年龄组（69.8%），18—29 岁年龄组（68.9%），30—39 岁年龄组（65.9%），60 岁及以上年龄组（65.4%），以及 50—59 岁年龄组（63.2%）。也就是说，收入满意度最高的是处于事业生涯峰值时期的 40—49 岁，收入满意度最低的是处于事业发展稳定甚至出现下滑的 50—59 岁。但总体上来说，对个体收入的满意度随着年龄的增长而降低。

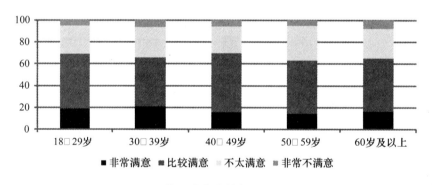

图 3—7　收入满意度的年龄差异（%）

作为人力资本的受教育程度通常用来解释收入水平。本部分将描述受教育程度如何解释收入满意度方面的差别。如图 3—8 所示，小学肄业、小学毕业、初中水平、高中水平、大专及以上五个组的收入满意度分别是 65.9%、66.1%、66.7%、69.6% 和 69.3%，可以明显看出，随着受教育水平的提高，收入满意度呈现上升的态势。由此可知，对于缅甸民众来说，人力资本的富集不仅有利于增加客观的收入，而且也有利于提高主观上的收入满意度。

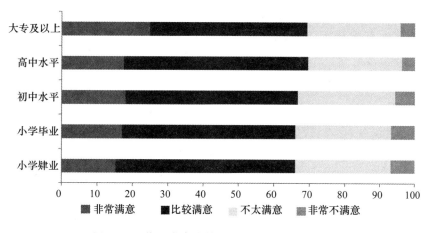

图3—8　收入满意度的受教育水平差异（%）

在缅甸这样一个民族国家建构过程尚未完成的社会，不同族群由于生活环境的差异较大，收入差距也较大（如前所述），加上族群文化差异的因素，相对来说各族群对个体收入的满意度差异较大。如图3—9所示，各族群收入满意度按照从高到低的顺序进行排序：孟族（78.8%）、克伦族（70.5%）、缅族（67.9%）、其他族群（67.4%）、掸族（64.9%）、印度族（61.0%）、若开族（48.1%）。可以看出，除了若开族之外，其他民族的满意度都高于60%，满意度最高的孟族与最低的若开族之间相差30.7个百分点。

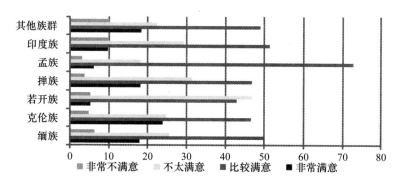

图3—9　收入满意度的族群差异（%）

从收入满意度的地区差异来看，如图 3—10 所示，按满意度的高低排序，依次是：仰光省（82.6%）、内比都（75.5%）、克伦邦（73.9%）、实皆省（73.8%）、曼德勒省（73.3%）、孟邦（72%）、马圭省（68.2%）、克钦邦（64.6%）、掸邦（63.3%）、德林达依省（61.7%）、勃固省（57.7%）、依洛瓦底省（53.5%）以及若开邦（44.3%）。除若开邦之外，都超过50%；满意度最高的仰光省与若开邦之间相差38.3个百分点。若开邦工作满意度垫底，有可能与当前该邦整体的经济社会发展水平以及边境社会治安、族群冲突有关。

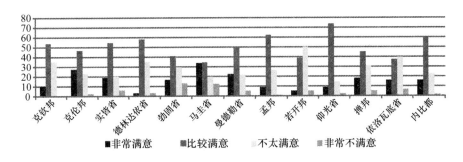

图 3—10　收入满意度的省邦差异（%）

二　工作满意度

工作满意度通常是指个人在工作单位内从事就业活动的过程中，对工作本身及其有关方面（包括工作环境、工作状态、工作方式、工作压力、挑战性、工作中的人际关系等）有良性感受的心理状态。本次调查也采集了受访者对自己的工作满意度，问题为："您对您目前职位上的工作满意吗？"从总样本的分布情况来看，超过1/4的受访者（25.8%）表示对当前的工作非常满意，将近五成的民众（48.3%）表示满意，而表示不满意或者非常不满意的分别只有16.6%和4.2%。也就是说，超过七成的民众对当前自己的工作岗位持积极肯定的态度。

进一步按性别划分来看，如图 3—11 所示，女性对于工作的满意度比男性稍高，女性为 74.4%，男性为 73.9%，因此可以说，在工作满意度方面几乎没有显著的性别差异。而从不同年龄组的工作满意度来看，如图 3—12 所示，各年龄阶段对工作的满意度的排序依次为：40—49 岁（76.1%）、60 岁及以上（74.8%）、30—39 岁（74.6%）、18—29 岁（73.1%）、50—59 岁（71.5%），可以看出这与图 3—7 的收入满意度的排序有一定的相似。所不同的是，18—29 岁和 60 岁及以上年龄组的顺序有所变换，这也说明，收入满意度其实是对于工作满意度进行衡量的重要指标，是测量工作满意度的一个重要方面。

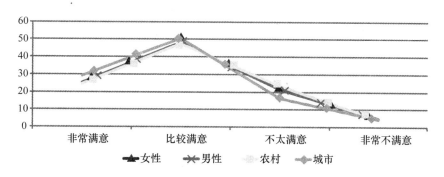

图 3—11 工作满意度的性别、城乡差异（%）

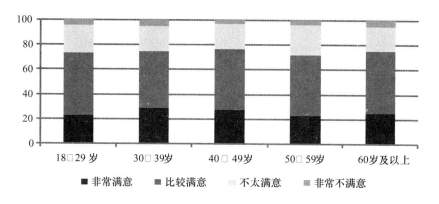

图 3—12 工作满意度的年龄差异（%）

在经济学里，作为人力资本的受教育水平是一个常用的自变量。图 3—13 描述了当前缅甸民众的工作满意度与受教育程度之间的关系，按满意度高低依序分别为初中水平组（76.1%）、大专及以上组（74.8%）、小学毕业组（74.6%）、小学肄业组（73.1%）、高中水平组（71.5%）。小学肄业组到初中水平组随着受教育水平的提高其工作满意度表现出持续升高的态势，但是高中组则是下降到最低，而大专及以上水平组又高于高中、低于初中。因此，教育水平的提高未必能提高个体的工作满意度。

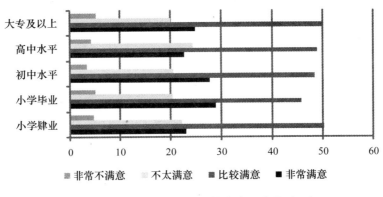

图3—13　工作满意度的受教育水平差异（%）

从族群差异来看工作满意度的差别，如图3—14所示，不同族群间的工作满意度有着显著的区别，按满意度高低排序，依次为孟族（87.9%）、缅族（75.7%）、克伦族（71.4%）、若开族（71.4%）、印度族（70.7%）、其他族群（69.4%）、掸族（67.9%）。其中，孟族的满意度不仅最高，而且没有被调查者选择"非常不满意"这一选项。

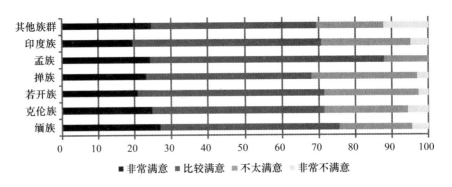

图3—14　工作满意度的族群差异（%）

再来看省邦之间的工作满意度的差别，如图3—15所示，按满意度高低排序依次是：仰光省（87.2%）、曼德勒省（83.9%）、德林达依省（83.3%）、克伦邦（81.2%）、实皆省（75.1%）、孟邦（74.7%）、马圭省（74.1%）、若开邦（71.4%）、内比都（71.4%）、掸邦（67%）、克钦邦（66.2%）、勃固省（65.9%）、依洛瓦底省（65.1%）。所有省邦的工作满意度都在65%以上，有4个省邦的满意度为60%—70%，有5个省邦的满意度为70%—80%，有4个省邦的满意度为80%—90%。仰光省的工作满意度最高，依洛瓦底省的工作满意度最低，相差20多个百分点。

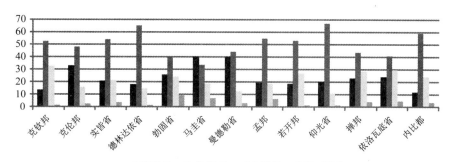

图3—15 工作满意度的省邦差异（%）

第三节 职业晋升或发展机会

职业晋升或发展机会是体现职业生涯发展的一个重要方面，对于向上社会流动有着重要作用。本次问卷中对于职业晋升/发展机会的测量的问题为："对于您目前的工作来说，您是否有晋升或发展机会？"回答分为"是"和"否"两个选项。

从总样本来看，将近一半的受访者（49.6%）认为，目前自己所从事的工作有进一步发展的机会，另外一半的民众则对发展前景不太乐观。进一步按性别划分来看，如表3—1所示，在男性被调查者中有50.8%的人认为有晋升或发展的机会，女性被调查者中有

48.5%的人认为有晋升或发展的机会，也就是男性被调查者要比女性被调查者高出2.3个百分点。由此可知，在职业发展方面似乎不存在显著的性别差异。

按省邦划分来看，职业的发展前景存在较大地区差异。依正面回答的比例高低排序，依次为内比都（81.6%）、克伦邦（62.3%）、若开邦（61.4%）、孟邦（60.0%）、掸邦（56.9%）、依洛瓦底省（55.1%）、仰光省（53.7%）、德林达依省（53.3%）、曼德勒省（52.2%）、马圭省（51.3%）、勃固省（47.1%）、实皆省（30.3%），以及克钦邦（29.2%）。在这13个省邦中，有10个省邦的受访者获取晋升机会的可能性都超过50%，而勃固省、实皆省、克钦邦都低于50%。其中，最低的克钦邦与最高的内比都相差52.4个百分点，差距较明显，说明生活在缅甸首都内比都的缅甸人更有可能在工作方面获取晋升和发展机会。

按年龄阶段划分来看，似乎不同的年龄组对自己的工作前景的态度表现出巨大的差异。例如，对于30—39岁的年轻人来说，超过54.5%的人对自己的职业前景表达乐观；在40—49岁的中青年组中，也有将近54%的民众表示乐观。也就是说，年纪较小的两个年龄组对自己的职业前景表示乐观的比例非常接近，而且都超过一半。然而，数据表明，人到中年后，对自己的职业前景表达乐观态度的受访者比例明显下降。例如，在50—59岁的受访者中，仅有四成多的民众（44.4%）表示对自己的职业前景表示乐观。由此可以看出，年轻人和青年人对自己的职业前景比较乐观，而50—59岁的中年人则相对来说持比较消极的观点。

从受教育程度的影响机制来看，不同群组之间存在非常大的差异。具体来说，如表3—1所示，受教育程度最低的一组（小学肄业或无正规教育经历）看好自身职业发展潜力的只有大约四成（40.8%），然后依次分别为小学毕业组（49.0%）、初中毕业组（51.3%）、高中毕业组（57.1%）、大专及以上毕业组（72.0%）。由此可以看出，受教育程度与职业晋升或发展机会的乐观态度呈现出明显的正相关关系，最低的小学肄业组与最高的大专及以上毕业组之间相差31.2个百分点。

表3—1　　　　不同社会群体在职业晋升/发展机会方面的差异　　　　单位:%

		有晋升/发展机会			有晋升/发展机会
性别	女性	48.5	年龄组	18—29 岁	53.7
	男性	50.8		30—39 岁	54.5
城乡	农村	48.6		40—49 岁	54.0
	城市	53.5		50—59 岁	44.4
省邦	克伦邦	62.3	教育程度	小学肄业	40.8
	克钦邦	29.2		小学毕业	49.0
	实皆省	30.3		初中水平	51.3
	德林达依省	53.3		高中水平	57.1
	勃固省	47.1		大专及以上	72.0
	马圭省	51.3	族群	缅族	49.1
	曼德勒省	52.2		克伦族	46.7
	孟邦	60.0		若开族	62.3
	若开邦	61.4		掸族	51.2
	仰光省	53.7		孟族	60.6
	掸邦	56.9		印度族	46.4
	依洛瓦底省	55.1		其他族群	49.0
	内比都	81.6			

　　按不同族群的差异来看，对当前的职业前景表示乐观的比例，依序分别为若开族（62.3%）、孟族（60.6%）、掸族（51.2%）、缅族（49.1%）、克伦族（46.7%）、印度族（46.4%）。有三个族群的受访者表示获取晋升机会的可能性高于50%，有四个族群的受访者认为有40%—50%。最高的若开族与最低的印度族之间相差约16个百分点。

　　综上所述，本章从收入、收入满意度、工作满意度、职业晋升/发展机会这四个方面对于工作与性别、城乡、年龄、受教育程度、族群、省邦的关系进行分析。可以看出，男性比女性在收入和职业晋升/发展机会上显然更有优势，但是女性在工作和收入上的满意度都高于男性；在城乡差别方面，在收入、收入满意度、工作满意度、职业晋升/发展机会方面，城市均高于农村，并且城乡差别与性别差别体现得更为明显；从年龄方面的差别可以看出，18—29 岁处于事业的积累期，30—49 岁则处于事业的上升期，并且在这个阶段出现事业顶峰，50—59 岁则处于事业的稳定甚至下滑期，60 岁以后则处于老龄阶段，事业停滞不再发展，其中收入与职业晋升/发展机会和职业发展生涯有着密切且直接的相关关系。而收入满意度、工作满意度由于是主观指标，则与职业发展生涯无直接的密切关系。至于受教育程度，收入、收入满意度、职业晋升/发展机会与受教育程度之间存在着正相关的关系，但是工作满意度与受教育程度之间则不存在正相关关系。这很好理解，工作满意度除了包含收入，还有工作的辛劳程度、时间安排、心理压力等诸多方面，受教育程度的提高带来了收入的增加，但是可能并不一定会对工作的其他方面产生影响。族群和省邦在职业的各个方面的情况则体现了不同民族和省邦在职业方面的发展程度。

第 四 章

经济评价

本章根据缅甸民众对当前国内外经济环境的主观评价做出描述、分析和探讨，共分为八节，前一部分包括对缅甸内部的经济环境、模式等的观点和看法，后一部分包括对与缅甸有经济关系的国家的态度。

第一节 经济环境的评价

一 国家经济环境评价

经济环境包括社会经济状况、国家经济政策、市场消费情况及居民收入水平等诸多方面。国家经济环境主要针对宏观方面，个人经济环境则是指微观方面。现在先来看此次问卷中缅甸民众对于国家经济环境的评价，在问卷中体现的问题是："你如何描述现在缅甸的经济环境"，回答分为四个选项，分别是"非常好""有点好""有点差"以及"非常差"。

从总样本的分布情况来看，只有不到 5% 的民众认为当前的经济环境非常好，将近一半的民众（46.7%）认为有点好，同样有超过三成的民众（33.8%）认为有点差，另有 14.7% 的民众认为非常差。

进一步按城乡差异来看，由图 4—1 可以看出，农村的被调查者中选择"非常好"的占比 6.4%，而城市只有 1.2%，农村高于城市 5.2 个百分点；农村的被调查者中选择"有点好"的占比 48.4%，而城市只有 42.7%，农村高于城市 5.7 个百分点。也就是说，农村被调查者相较于城市，对于国家经济环境的评价更为正面。如果按

"好""差"两极划分来看，城乡民众之间并没有显著的差异。

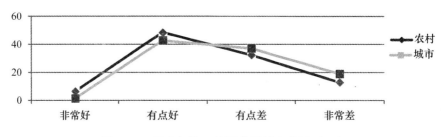

图4—1　国家经济环境评价的城乡差异（%）

　　下面再来分析各族群的差异情况，将"非常好"和"有点好"两项进行合并，也就得到选择"好"的百分比。将各族群选择"好"的百分比按照从高到低进行排序，依序为孟族（61.5%）、掸族（59.2%）、克伦族（59.1%）、缅族（50.4%）、印度族（48.7%）、若开族（46.1%）、其他族群（35.9%）（如图4—2所示）。也就是说，不同族群之间对于国家经济运行的环境的态度和看法迥异，孟族、掸族、克伦族等缅甸的几大少数族群对国家经济环境评价较高；其次是作为主体族群的缅族，也有超过一半的缅族人持积极态度；而那些人口较少的族群对国家经济运行环境的态度较为消极。

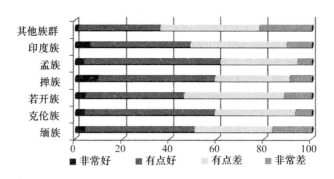

图4—2　国家经济环境评价的族群差异（%）

　　再来看各省邦对于国家经济环境的评价差异。将省邦按照"非常好"和"有点好"两项的比例总和进行排序，依次为内比都

（88%）、克伦邦（62.2%）、勃固省（61.3%）、孟邦（60%）、掸邦（58.9%）、仰光省（53.6%）、马圭省（52.5%）、德林达依省（51.1%）、若开邦（47.6%）、曼德勒省（46.7%）、依洛瓦底省（46.1%）、实皆省（36.4%）和克钦邦（32.4%）（如图4—3所示）。由此可知，不同省邦之间对国家总体经济环境的感受差异较大，至于形成这种差异的诸多深层次原因，有待进一步做专题分析研究。

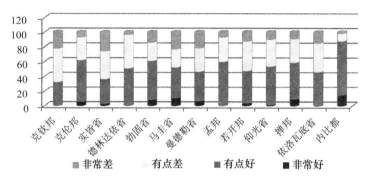

图4—3 国家经济环境评价的省邦差异（%）

以上是缅甸城乡居民对当前国家经济发展环境的总体看法和态度。那么他们对民盟执政后的国家经济发展形势如何判断呢？本次调查询问了被调查者对于未来一年国家经济环境的预期，具体问题是："你认为明年国家经济环境会变得如何"，有五个回答选项，分别是"有很大的改善""有点改善""保持不变""有点恶化"以及"恶化很多"。从总样本的分布来看，只有一成多一点的民众（11.2%）相信民盟执政后的一年国家经济形势将大有改善，绝大多数（超过70%）民众表示将会稍微有所改善，而认为民盟执政前后经济形势不会改变的民众不到两成（17.6%），当然，唱衰民盟执政后的经济形势的民众所占比例几乎可以忽略不计（累计不到2%）。因此，从总体上来说，在2015年大选刚刚结束的时候，绝大多数民众相信民盟执政后经济形势会有所改善。

进一步按城乡划分来看，如图4—4所示，农村被调查者中超过一成（约13%）的人认为民盟执政后的一年内会有很大的改善，即对缅甸未来一年的经济发展持非常乐观态度。在城市被调查者中，持相同观点的比例只有 6.9%，农村的比例相当于城市的两倍；但是，城乡对于"有点改善"这一审慎乐观的选择百分比相差则并不大，无论是在城市还是农村，都有超过七成的民众表示民盟执政后缅甸的经济发展前景会有一定的改善；此外，农村被调查者中有 15.8% 的人认为会"保持不变"，城市有 21.8%，农村低于城市 6 个百分点；将"有点恶化"和"恶化很多"两项进行加总，农村被调查者的占比是 1.1%，城市被调查者的占比是 1.2%，城市和农村的被调查者中认为"有点恶化"和"恶化很多"的人数比例相差并不多。也就是说，农村被调查者比起城市被调查者更倾向于认为会"有很大的改善"，城市被调查者比起农村更倾向于认为会"保持不变"；而整体来说，不管是城市还是农村都对国家经济环境持乐观预期，认为会有所改善，至少是保持不变。

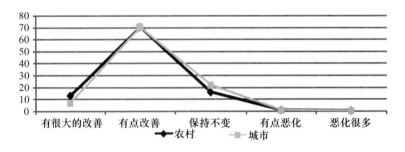

图 4—4　国家经济环境预期的城乡差异（%）

在缅甸这样一个统一的多民族国家建构尚未完成的国家，不同族群对昂山素季领导的民盟上台后的经济前景有什么不同的看法？如图 4—5 所示，不同族群对民盟执政后国家经济发展前景持乐观态度的人数比例为 75%—90%，也就是说各个族群的被调查者中大部分都认为国家经济会有所改善。具体来说，印度族最高，为 87.2%，若开族最低，大约为 77%。另外，对于"保持不变"这一选项，所有族群都维持在 10%—20% 的比例，掸族所占比例最高，为 20.7%，印度族所占比例最低，为 11.5%。而各个族群中选择"有点恶化"和"恶化很多"这两个选项所占比例极少，两个选项加总起来，最多的也不超过3%，最高为若开族（2.7%）。从整体上来说，各个族群对于国家经济环境保持乐观态度。

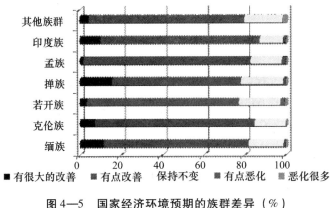

图4—5　国家经济环境预期的族群差异（%）

从不同省邦对国家经济发展前景的预期来看，如图4—6所示，将"有很大的改善"和"有点改善"两项进行加总后，按照从高到低的比例排序，依次为内比都（93.3%）、克伦邦（92.2%）、曼德勒省（87.5%）、依洛瓦底省（86.4%）、德林达依省（85.6%）、孟邦（84.2%）、勃固省（83%）、克钦邦（81.9%）、实皆省（81.5%）、掸邦（78.6%）、马圭省（76%）、若开邦（73.3%）、仰光省（71.1%），即各省邦都认为国家经济会改善的比例都在70%以上。由此可知，马圭省、曼德勒省以及掸邦的缅甸民众对本国未来一年的经济发展的乐观程度较高，其中马圭省约有18.7%的人认为

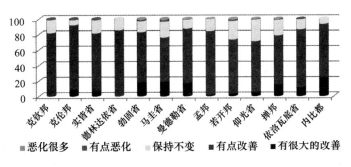

图4—6　国家经济环境预期的省邦差异（%）

本国经济会"有很大的改善"，曼德勒省民众的这一比例为17.1%，掸邦的这一比例为15.3%。将"有点恶化"和"恶化很多"两项进行加总，发现最高的占比为3.6%，为马圭省；最低的占比为德林达依省、孟邦和内比都，皆为0。

二 个人经济环境评价

为了了解个人经济状况，本次调查还询问了被调查者对个人经济环境的评价，具体问题是："现在考虑一下您个人的经济情况，您会如何描述您自己的经济状况，是非常好、有点好、有点差或者非常差？"有四个回答选项，分别是"非常好""有点好""有点差"以及"非常差"。

现将"非常好"和"有点好"加总为"好"，将"有点差"和"非常差"加总为"差"，可以发现，在农村被调查者中，选择"好"的占比为60.9%，而城市被调查者却有70.9%，城市高于农村10个百分点（如图4—7所示）。由此可知，虽然农村被调查者对于国家经济环境的评价高于城市，但是对于个人经济环境的评价城市却高于农村。

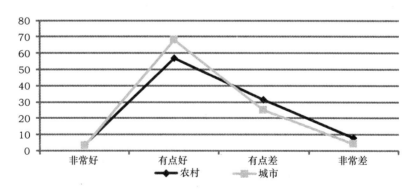

图4—7 个人经济环境评价的城乡差异（%）

按族群划分来看，如图4—8所示，加总后将各族群选择"好"的占比进行排序，依次分别为克伦族（66.4%）、缅族（66.0%）、孟族（65.4%）、掸族（62.4%）、其他族群（54.7%）、若开族

（44.3%）、印度族（38.5%）。具体来看，印度族中约有一半的人
（50.0%）认为自己的经济状况"有点差"，有 11.5% 的人认为"非
常差"；若开族中没有人认为自己的经济状况"非常好"，大部分人
对个人经济状况的评价较差，其中 41.6% 的人认为"有点差"，
14.2% 的人认为"非常差"。所以总体来看，印度族和若开族对自己
的经济状况满意度较低，这在若开族中尤为明显。但是，与图 4—2
进行对比后可以发现，从整体上来看，各族群对于个人经济环境的正
面评价要普遍高于国家经济环境。

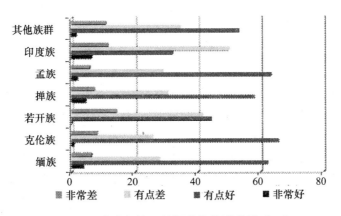

图 4—8　个人经济环境评价的族群差异（%）

　　而从个人经济状况评价的地区差异来看，如图 4—9 所示，将选
择"好"的各省邦的占比进行排序，依序分别为克钦邦（75.2%）、
克伦邦（73.3%）、仰光省（71.8%）、实皆省（67.6%）、内比都
（66.7%）、勃固省（65.7%）、曼德勒省（64.0%）、孟邦
（62.5%）、掸邦（62.5%）、马圭省（62.2%）、依洛瓦底省
（58.4%）、德林达依省（40%）和若开邦（39.1%）。德林达依省
和若开邦的民众对个人经济状况的评价较低，主要集中表现为"有
点差"，德林达依省中超过一半的人（53.3%）认为自己经济状况
"有点差"，若开邦中约有 46.7% 的人认为自己的经济状况"有点
差"，甚至还有 14.3% 的人认为是"非常差"。通过对比发现，各省
邦对于个人经济环境的正面评价要普遍高于对国家经济环境的评价。

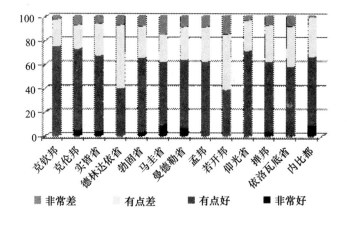

图4—9　个人经济环境评价的省邦差异（％）

对于个人经济环境的预期，按城乡划分来看，如图4—10所示，农村被调查者中选择"有很大的改善"和"有点改善"的被调查者的占比高于城市被调查者2.7个百分点，选择"保持不变"的被调查者的占比低于城市被调查者2.5个百分点，选择"有点恶化"和"恶化很多"的被调查者的占比要稍低于城市被调查者。可以看出，农村被调查者对于个人经济环境的预期要比城市被调查者更为乐观。

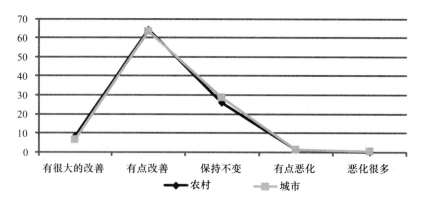

图4—10　个人经济环境预期的城乡差异（％）

从族群差异来看，由图 4—11 可以看出各族群对于这个问题看法的差别。将"有很大的改善"和"有点改善"两项进行加总，可以发现，所有的族群认为会改善的占比都在 60% 以上，最低为若开族（64.6%），最高为其他各少数族群（75%）；各族群认为"保持不变"的占比都为 20%—30%；各族群认为会"恶化"的只占非常小的比例，将"有点恶化"和"恶化很多"两项进行加总，可以发现占比最高的是若开族，为 3.5%。

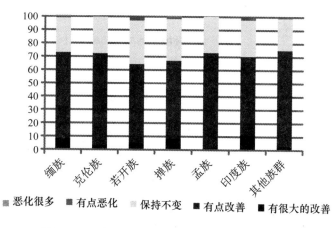

图 4—11 个人经济环境预期的族群差异（%）

从省邦差异来看，如图 4—12 所示，各个省邦对于这个问题的选项都围绕在"有很大的改善""有点改善"和"保持不变"这三类中，选择"有点恶化"和"恶化很多"这两项的只占到很小的比例，各省邦之间差别并不大，最低为 0，最高为 3.8%。将"有很大的改善"和"有点改善"这两个选项进行加总后排序，依次为孟邦（79.2%）、内比都（78.7%）、克钦邦（78.1%）、曼德勒省（76.8%）、克伦邦（76.7%）、依洛瓦底省（76.3%）、勃固省（75.7%）、实皆省（73.9%）、仰光省（68.0%）、掸邦（67.2%）、德林达依省（63.3%）以及若开邦和马圭省（均为 61.0% 左右）。

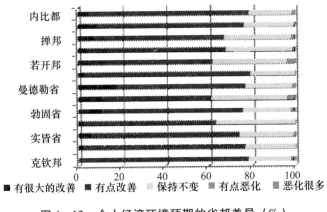

图4—12　个人经济环境预期的省邦差异（%）

第二节　经济状况的评价

一　贫富差距

在此次问卷调查中，通过询问被调查者对贫富差距的评价从主观方面对于这个问题进行了测量，在问卷中体现为问题"在过去的五年内你认为缅甸的贫富差距是扩大了、缩小了，还是没有变化"。从总样本分布情况来看，超过四成（43.8%）的民众认为，在缅甸进入民主转型时期的巩发党执政五年间缅甸国内的贫富差距在扩大，有三成（30.3%）的民众则认为巩发党执政的这五年贫富差距在缩小，另外约二成五（25.9%）的民众则表示过去五年来缅甸国内的贫富差距并无显著的变化。

针对贫富差异态度的城乡差异，如图4—13所示，城市被调查者中选择贫富差距"扩大了"的占比为47.8%，农村为42.1%。也就是说，认为贫富差距扩大的城镇受访民众比例高于农村被调查者5.7个百分点。城市被调查者选择"缩小了"的占比低于农村2.2个百分点，选择"没有变化"这一选项的被调查者占比低于农村3.5个百分点。也就是说，不管是在农村还是在城市，选择都主要分布在"扩大了"这一选项，但是显然城市被调查者比起农村被调查者来说，更大比例的人认为贫富差距是扩大的。一种合理的解释是，经济的发展和城市化带来了人们之间的贫富差距，但是农村社会的发展较为缓慢，可能变化相比显得不那么剧烈。

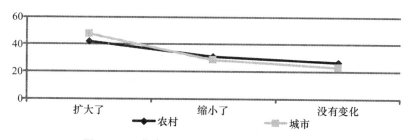

图4—13　贫富差距变化评价的城乡差异（%）

　　而从族群差异来看，如图4—14所示，从数据中可以看出各个民族之间的差异较小，从整体上可以看出各族群中多数人均认为过去几年中贫富差距在拉大。数据显示，各族群选择"扩大了"的比例都在40%以上，均多于选择"缩小了"和"没有变化"这两个选项的比例。其中，掸族中约有一半的人（49.2%）认为过去几年贫富差距在拉大，孟族最少，为40.4%。

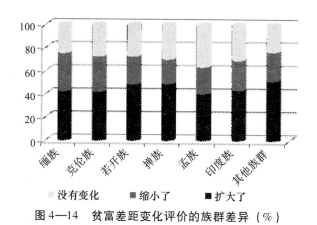

图4—14　贫富差距变化评价的族群差异（%）

　　关于地区差异，图4—15体现了各个省邦对贫富差距的不同感受。可以看出，各省邦对于这一问题的看法的分布与各族群不同，其差异更大。选择贫富差距"扩大了"的比例高于选择"缩小了"的比例的省邦有克钦邦、克伦邦、实皆省、德林达依省、勃固省、曼德勒省、孟邦、若开邦、仰光省、掸邦和依洛瓦底省；选择贫富差距"扩大了"的比例低于选择"缩小了"的比例的省邦有马圭省和内比都。由此可以推断，缅甸各省邦之间的经济发展可能不太平衡，造成了各地的居民对于贫富差距的感知的差异较大。

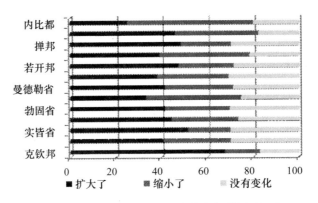

图4—15　贫富差距变化评价的省邦差异（%）

　　具体来说，克钦邦中超过六成的民众（67.6%）认为贫富差距扩大了，仅有15.2%的人认为贫富差距缩小了；实皆省中也有超过一半的民众（51.5%）认为贫富差距在不断拉大，仅有18.5%的人认为在缩小。相反，内比都约有1/4的民众（25.3%）认为缅甸贫富差距在扩大，超过一半的民众（约54.7%）认为贫富差距在缩小。由此可知，克钦邦、实皆省中大部分人认为缅甸贫富差距在拉大，而来自内比都的大部分受访者认为缅甸贫富差距没有扩大，反而在缩小。

　　进一步分析缅甸贫富差距扩大的原因，问卷从制度方面询问了缅甸居民心目中国家经济系统的受益群体。其问题为："你认为国家经济系统是有利于富人还是有利于大多数人？"由图4—16可以看到，无论是城市居民还是农村居民，他们中大部分人都认为目前缅甸的国家经济体系是有利于富人的，其中城市被调查者中认为"有利于富人"的占比为88.4%，农村居民中约有74.2%的人认为是"有利于富人"的，城市居民的这一比例高于农村居民14.2个百分点。由此可以看出，在缅甸居民心中，国家经济系统向富人表现出来的倾斜性已经深入人心。

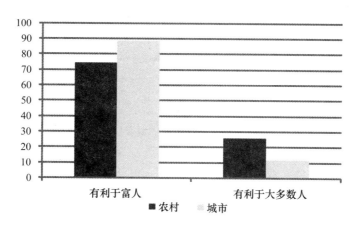

图4—16 国家经济系统受益群体评价的城乡差异（%）

二 经济模式

经济模式可以按照社会制度、经济调节方式或管理方式等方面进行分类，在本次问卷中将经济模式划分为"自由市场资本主义""国家资本主义"以及"其他"三类，具体问题为："你认为最适合你的国家的经济模式是什么？"从总样本分布情况来看，绝大多数受访民众（78.2%）都认为最适合缅甸的经济模式为自由市场资本主义，另有超过两成（20.1%）的受访民众认为最适合缅甸的经济模式为国家资本主义，而选择其他经济发展模式的民众寥寥无几。

按城乡划分来看，由图4—17中可以看出，农村受访者与城镇受访者对这一问题的看法差别并不大，只是农村被调查者对于"自由市场资本主义"和"国家资本主义"这两项的选择均略高于城市，其中，农村被调查者对于"自由市场资本主义"的选择高于城市0.5个百分点，对于"国家资本主义"的选择高于城市1个百分点；但是城市对于"其他"的选择则要高于农村1.5个百分点。这不难理解，城市居民的文化素质普遍会高于农村，对于经济模式的看法除了自由市场资本主义和国家资本主义以外可能会有更多的想法。但是如前所述，这种细微的城乡差别并没有统计意义。

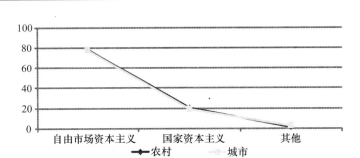

图4—17　经济模式评价的城乡差异（％）

从族群差异来看，由图4—18可以看出各族群对这一问题的看法的差别。将选择"自由市场资本主义"这一选项的比例按照从大到小进行排序，依序分别为孟族（90.4％）、印度族（87.2％）、若开族（86.7％）、克伦族（81.5％）、掸族（78.9％）和缅族（76.6％）。将选择"国家资本主义"这一选项的比例按照从高到低进行排序，依序分别为缅族（21.3％）、掸族（20.5％）、克伦族（15.8％）、若开族（13.3％）、印度族（10.3％）和孟族（9.6％）。克伦族选择"其他经济模式"的比例高于其他民族，为2.7％，若开族和孟族则没有人选择"其他"这一选项。由此可知，缅甸民众在国家经济发展模式的选择方面，族群差异远大于城乡差异。

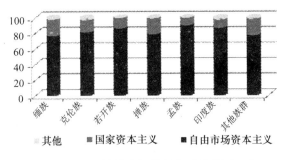

图4—18　经济模式评价的族群差异（％）

按经济发展模式评价的省邦差异来看，由图4—19可以看出，各个省邦都是选择"自由市场资本主义"这一选项的比例最大，其中克伦邦和德林达依省中绝大部分人均认为自由市场资本主义更适合缅甸，尤其是克伦邦的这一比例高达九成以上（91.1%）；德林达依省的这一比例甚至更高，达到95.6%。另外，克钦邦中有35.3%的受访者认为国家资本主义更加符合缅甸的经济发展，这一比例高于其他省邦，另有62.9%的人认为自由市场资本主义较适合缅甸。相比之下，缅甸的克伦邦和德林达依省的民众特别推崇在缅甸实行自由市场资本主义。

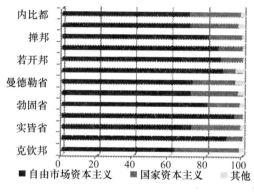

图4—19　经济模式评价的省邦差异（%）

第三节　缅甸对外经济合作

一　对缅印经济关系的评价

　　缅甸与印度之间的贸易合作由来已久，尤其是缅甸1997年7月加入东南亚国家联盟（东盟）以来，缅甸与印度之间的经贸关系取得了长足的发展。在问卷中也询问了被调查者对这一议题的看法，其问题是："你认为缅甸与印度之间的商贸合作的加强这件事，是非常好、有点好、有点差还是非常差？"从总样本分布来看，只有不到两成（17.2%）的民众表示"非常好"，但认为"有点好"的民众将近七成（69.4%）。也就是说，绝大多数缅甸民众对缅印经济关系持正面的态度和看法。

　　按城乡划分来看，由图4—20可知，对缅印经济合作关系持积极态度的民众，城市被调查者占比稍高于农村，相差近1个百分点，差距并不大。农村居民中有11.2%的人认为"有点差"，有2.5%的人认为"非常差"，城市居民中有11%的人认为"有点差"，有1.8%的人认为"非常差"。总的来说，不管是农村还是城市，认为缅印商贸合作是好事的比例还是很高的，均达到了85%以上。

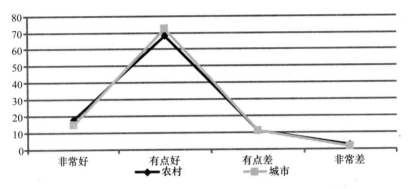

图4—20　与印度贸易合作评价的城乡差异（%）

而从不同族群的差异来看，如图4—21所示，持积极态度的族群依序排列分别为印度族（96.2%）、掸族（90.3%）、其他族群（89.1%）、克伦族（87.3%）、孟族（86.5%）、缅族（85.8%）、若开族（79.6%）。从负面态度的比例来看，缅族中有11.8%的人认为"有点差"，2.34%的人认为"非常差"；克伦族中有11.4%的人认为"有点差"，1.3%的人认为"非常差"；若开族中有16.8%的人认为"有点差"，3.5%的人认为"非常差"；掸族中有6.6%的人认为"有点差"，有3.5%的人认为"非常差"；孟族中有11.5%的人认为"有点差"，1.9%的人表示"非常差"；印度族中仅有3.9%的人认为"有点差"。可以看出，各族群中大部分人对于缅印经济关系持积极肯定态度。

从各省邦对缅印经济关系态度的差异来看，由图4—22可知，将"非常好"和"有点好"两项进行加总后，按照百分比高低排序，依次为仰光省（93.3%）、掸邦（90.8%）、内比都（89.3%）、依洛瓦底省（87.7%）、勃固省（87.0%）、克伦邦（85.6%）、孟邦（84.2%）、曼德勒省（84.0%）、实皆省（83.3%）、德林达依省（82.2%）、马圭省（81.8%）、克钦邦（81.0%）和若开邦（78.1%）。其中马圭省和曼德

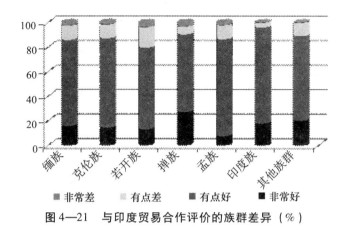

图4—21 与印度贸易合作评价的族群差异（%）

勒省的民众对缅印商贸合作持非常肯定的态度，马圭省中有29.3%的人认为"非常好"，曼德勒省的民众中有21.6%的人认为"非常好"。

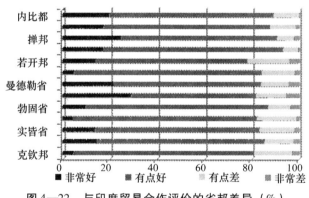

图4—22 与印度贸易合作评价的省邦差异（%）

对缅印经济关系评价较低的民众大多来自克钦邦、德林达依省、马圭省以及若开邦。克钦邦中有16.2%的人认为"有点差"；德林达依省中有16.7%的人认为"有点差"；马圭省中有12.9%的人认为"有点差"，还有5.3%的人认为"非常差"；若开邦中有18.1%的人认为缅印商贸合作对本国的影响"有点差"。

二 经济强国对缅甸的影响

问卷中询问了被调查者对世界领先的经济强国（the world's leading economic powers）的认识和评价。首先询问了受访者认为哪一个国家是世界上最强的经济大国。总的来看，超过半数的受访者（54.1%）认为美国是实力最强的经济大国，另有不到三成的民众（27.2%）认为中国为经济实力最强的国家，而认为日本是最强的经济大国的民众略低于一成（9.8%）。

从城乡差别来看，由图4—23可知，无论是在城镇还是在农村，一半以上的民众认为美国是最强的经济大国。具体来说，农村居民中有52.1%的人认为美国是最大的经济强国，城市居民的这一比例为58.7%，城市被调查者占比超过农村居民6.6个百分点；另外，有28%左右的城乡被调查者都选择了中国，农村略高于城市；之后是日本，农村被调查者中选择日本的占比略高于城市；最后是其他国家，农村被调查者占比仍略高于城市。总体来看，美国被大部分缅甸民众认可为世界领先的经济强国，其次是中国，再次是日本。

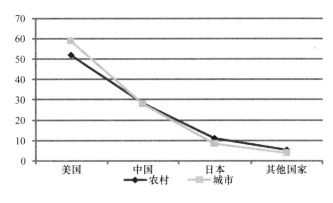

图4—23　经济强国评价的城乡差异（%）

（一）做生意的方式

随着国际贸易合作的加强，中美两国与缅甸的贸易合作越来越多，问卷中也询问了居民的相关看法。本次调查询问了缅甸民众是否喜欢美国人做生意的方式。在问卷中的问题是："你喜欢美国人做生意的方式，还是不喜欢美国人做生意的方式？"

由图4—24可以看出这个问题的城乡差别，大部分缅甸民众都表示喜欢美国人做生意的方式，其中农村居民中有82.9%的人表示

"喜欢"，有 17.1% 的人表示"不喜欢"；城市居民中有 86.7% 的人
表示"喜欢"，有 13.3% 的人表示"不喜欢"。城市被调查者中选择
"喜欢美国人做生意方式"的占比要高于农村将近 4 个百分点，也就
是说，城市被调查者对于美国人做生意的方式的认可度略高于农村
居民。

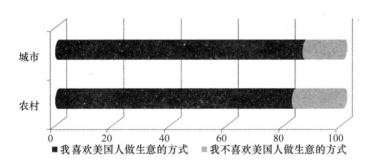

图 4—24　对美国人做生意的方式评价的城乡差异（%）

　　针对缅甸城乡居民是否喜欢中国人做生意的方式，由图 4—25 可
以看出这个问题的城乡差别。数据显示，不到一半的人表示喜欢中国
人做生意的方式，其中农村居民中有 44.3% 的人喜欢，但是有超过
一半的人（55.7%）不喜欢中国人做生意的方式；城市居民中有
42.7% 的人表示"喜欢"，而将近六成（57.3%）的人表示不喜欢。
农村被调查者中选择"喜欢中国人做生意的方式"的占比略高于城
市，但城乡差别几乎没有显著的统计意义。

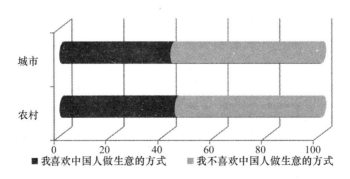

图 4—25　对中国人做生意的方式评价的城乡差异（%）

（二）经济强国对缅甸经济环境的影响

中美两个大国与缅甸之间的关系历来颇受瞩目，本次问卷从经济关系方面考察了这两个国家对于缅甸经济环境的影响。首先来看看在缅甸居民心中，"美国对于缅甸的经济环境有多大的影响"。

由图4—26可以看出，不管是城市还是农村，选择最多的是"有相当程度的影响"这个选项，均高达55%以上；其次是"没有太多的影响"，为17%左右；随后是"根本没有影响"，为15%左右；最后是"有很大的影响"，为10%左右。农村认为"根本没有影响"的占比要高于城市1.32个百分点，也就是说城市被调查者相较于农村被调查者，更加承认美国对缅甸的经济环境的影响程度。

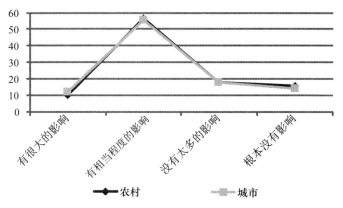

图4—26　美国对缅甸经济环境影响评价的城乡差异（%）

在各族群中，大部分受访民众分布在"有相当程度的影响"这一选项上，各个族中均有超过一半的人认为美国对本国的经济状况有相当程度的影响，其中缅族的这一比例为57%，克伦族为51%，若开族为50.4%，掸族为55.3%，孟族为76.9%，印度族为55.1%。可以看出缅族、掸族和孟族认为美国对本国经济状况影响程度较高。将"根本没有影响"这一选项所占百分比进行排序，依次为若开族（20.4%）、掸族（16.6%）、缅族（15.1%）、克伦族（13.4%）、印度族（12.8%）和孟族（3.9%）。因为"没有影响"反过来就是"有影响"，因此这个顺序也是对"有影响"的占比按照从小到大的顺序进行排序（如图4—27所示）。

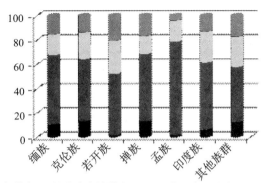

■ 根本没有影响　■ 没有太多的影响　■ 有相当程度的影响　■ 有很大的影响

图 4—27　美国对缅甸经济环境影响评价的族群差异（%）

　　从各省邦的差异来看，回答仍主要分布在"有相当程度的影响"这一选项上。其中内比都、依洛瓦底省、掸邦、仰光省、孟邦、马圭省、勃固省、实皆省、克伦邦以及克钦邦认为美国对缅甸经济有影响力的人数比例均在 60% 以上，特别是内比都和仰光省中有高达 80% 的人认为美国对缅甸经济有影响。将认为美国对缅甸经济"根本没有影响"的各族群比例从高到低进行排序，依次为若开邦（22.9%）、掸邦（20.8%）、曼德勒省（20.0%）、马圭省（18.7%）、依洛瓦底省（18.7%）、实皆省（15.2%）、勃固省（14.7%）、德林达依省（14.4%）、克钦邦（12.4%）、孟邦（7.5%）、仰光省（6.9%）、克伦邦（6.7%）和内比都（4.0%）（如图 4—28 所示）。

　　进一步，问卷询问了美国对缅甸经济的影响是消极的还是积极的，具体的问题是："目前美国对缅甸的经济环境的影响是积极的还是消极的"，一共有四个回答选项，分别是"积极的""消极的""均有""均无"。

　　由图 4—29 可知，总体上看，对美国对缅甸经济的影响的评价主要分布在"积极的"这一选项上，其次是"均有"，再次是"均无"，最后是"消极的"。不管是城镇还是农村，均有超过一半的人认为美国对缅甸经济产生了积极的影响，其中农村居民中有 52.7%，城市居民中有 59.8%。在"积极的"这一选项里，城市高于农村 7.1 个百分点；在"消极的"这一选项中，农村居民中仅有 8.5% 的人认为美国对缅甸经济的影响是消极的，有 6.9% 的城市居民也认为

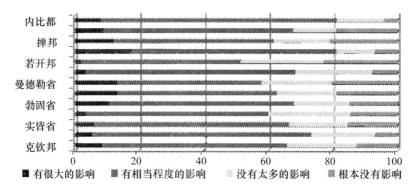

图4—28　美国对缅甸经济环境影响评价的省邦差异（%）

注：除了图中已列出的省邦外，其他省邦因同质性较强作为参照组省略了，故未在图中列全，后同。

是消极的，农村被调查者高于城市1.6个百分点；在"均无"这一选项中，农村居民中有10.9%的人认为美国对缅甸经济既没有积极影响也没有消极影响，城市居民的这一比例为12.4%，城市被调查者占比高于农村被调查者1.5个百分点；在"均有"这个选项中，农村居民中有27.9%的人认为美国对缅甸的影响既有积极的一面又有消极的一面，城市居民的这一比例为20.9%，农村被调查者高于城市被调查者7个百分点。也就是说，城市被调查者对于美国的正面评价比农村要高，但初步判断，这种城乡差别似乎没有统计的显著性。

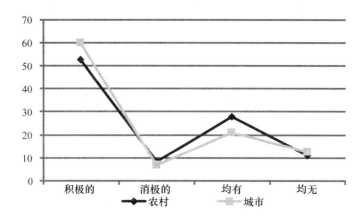

图4—29　美国对缅甸经济影响的正负面评价的城乡差异（%）

由图 4—30 可以看出，各族群的选择都主要分布在"积极的"这一选项上，其次是"均有"，再次是"均无"，最后是"消极的"。若开族选择"积极的"和"均有"两个选项的人数相差不多，而印度族选择"积极的"的人差不多是选择"均有"的人的 5 倍。除此之外，其他族群，选择"积极的"的比例都是选择"均有"的 2 倍。

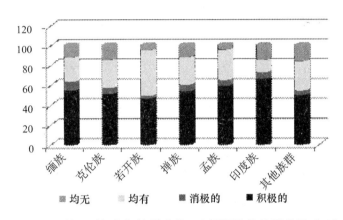

图 4—30　美国对缅甸经济影响的正负面评价的族群差异（%）

从省邦的划分来看，如图 4—31 所示，若开邦选择"均有"（52.4%）这一选项多于选择"积极的"（42.9%）。在"积极的"这个选项上，占比最大的是仰光省，为 69.1%，最少的是曼德勒省，为 41.6%；在"消极的"这个选项上，占比最大的为内比都，为 17.33%，占比最小的为若开邦，只有不到 1%，几乎可以忽略不计。

继续观察缅甸民众对中国的态度和看法。从总样本分布来看，将近一半的受访者（49.4%）认为中国对缅甸经济有很大的影响，另有超过四成（40.1%）的民众认为有一定程度的影响，只有 5% 左右的受访者认为没有太大影响，或者根本没有影响。

按城乡划分来看，由图 4—32 可知，农村受访者中选择"根本没有影响"这一选项的占比为 6.4%，城市只有 3.4%；农村居民中有 45.7% 的人认为中国对缅甸有很大的影响，城市居民的这一比例为 58.4%。也就是说，相较于农村受访者而言，城镇的民众更能体会

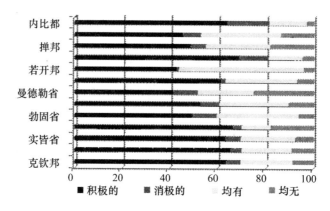

图4—31　美国对缅甸经济影响的正负面评价的省邦差异（%）

到中国的影响力。同时，与图4—26对比可以发现，在对中国的影响的评价中回答主要分布在"有很大的影响"和"有相当数量的影响"这两个选项上，而在对美国的影响的评价中其回答则主要分布在"有相当数量的影响"和"没有太多的影响"这两个选项上，即被调查者认为中国对于缅甸的影响相较于美国要大。

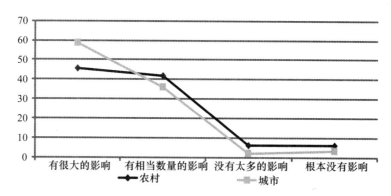

图4—32　中国对缅甸经济环境影响评价的城乡差异（%）

从族群差别来看，由图4—33可以看出，将"根本没有影响"这一选项所占百分比从高到低排序，分别为若开族（10.6%）、其他族群（9.4%）、掸族（7.7%）、缅族（5.1%）、克伦族（4.1%）、印度族（2.6%），而孟族几乎没有受访者选择这一选项。另外，缅族中有一半的人（51.6%）认为中国对其经济有很大的影响。与图

4—27 进行对比可以发现，在"根本没有影响"这一选项上，被调查者在评价中国时比评价美国时其占比要低，从其分布上可以得知各族群中的绝大多数人都认为中美两国对于缅甸的经济环境是有影响的，但是认为中国有影响的人占比略大于美国。

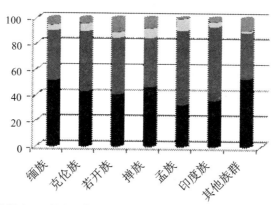

■ 根本没有影响　□ 没有太多的影响　■ 有相当程度的影响　■ 有很大的影响

图 4—33　中国对缅甸经济环境影响评价的族群差异（%）

从不同省邦的差异来看，如图 4—34 所示，将选择"根本没有影响"的比例从高到低排序，依次为马圭省（12.0%）、若开邦（11.4%）、掸邦（8.9%）、曼德勒省（8.0%）、勃固省（8.0%）、克钦邦（4.76%）、依洛瓦底省（3.5%）、实皆省（3.3%）、仰光省（1.8%）、孟邦（1.7%）、内比都（1.3%），而克伦邦和德林达依省几乎没有受访者选择这一选项。另外，克钦邦（59.1%）、实皆省（60.3%）、曼德勒省（56.8%）、仰光省（50.4%）以及依洛瓦底省（52.8%）均有超过一半的人认为中国对缅甸经济有很大的影响。与图 4—28 进行对比可以发现，在"根本没有影响"这一选项上，被调查者对于中国的选择的占比要普遍低于对于美国的选择的占比，即各省邦普遍认为，中国对缅甸的影响要大于美国对缅甸的影响。

如前所述，总体来说缅甸各地方、各族群都认为中国对缅的经济影响力较大。但这并不能说明他们对这种影响力是持积极态度还是消极态度。问卷中进一步询问了中国的影响是消极的还是积极的。从整体上来看，对中国影响力持积极态度的民众仅有 16.8%，而持消极

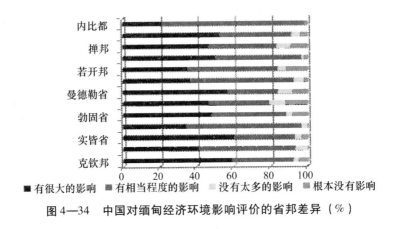

图4—34　中国对缅甸经济环境影响评价的省邦差异（%）

态度的民众则高达将近一半（49.1%），另外有将近三成的民众（29.6%）认为既有积极的一面，也有消极的一面，只有不到5%的民众认为没有影响。

　　进一步按城乡划分来看，不管是农村还是城市，其回答都主要分布在"消极的"这一选项，其次是"均有"，然后是"积极的"，最后是"均无"。其中，农村民众选择"积极的"要比城市高出7.8个百分点，选择"消极的"要比城市低13.1个百分点。也就是说，相对于城镇受访者而言，农村的民众对中国在缅甸影响力的评价中更加趋于正面（如图4—35所示）。与图4—29对比可以发现，和美国相比，被调查者对于中国的评价要相对消极很多。

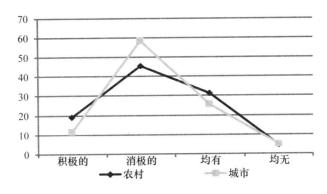

图4—35　中国对缅甸经济影响的正负面评价的城乡差异（%）

　　从族群差异来看，如图4—36所示，对中国在缅甸经济影响力持负面态度最多的是孟族，认为有消极影响的孟族受访者比例超过一半（55.8%）；而持负面态度的比例最低的是若开族，约为 34.5%。与图 4—30 对比后可以发现，在各族群对于美国的影响的评价中，其回答主要分布在"积极的"和"均有"这两个选项上，而对于中国的评价中，其回答则主要分布在"消极的"和"均有"这两个选项上。也就是说，各族群对于中国的评价相对于美国来说要消极得多。

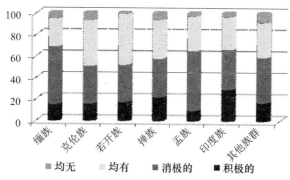

图 4—36　中国对缅甸经济影响的正负面评价的族群差异（%）

从地区差异来看，省邦的分布与上面的分布整体上类似，但是也有个别省邦的分布不同。其中，若开邦、掸邦和内比都在"均有"这一选项上所占的比例超过了选择"消极"的比例（如图 4—37 所示）。而与图 4—31 进行对比，从中看出，各省邦受访者对于中国的评价主要是消极的，对于美国的评价则是积极的比例高于消极的比例。

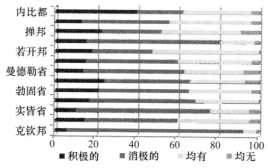

图 4—37　中国对缅甸经济影响的正负面评价的省邦差异（%）

（三）与经济强国合作的重要性

为了探寻缅甸居民对中美两国的态度，问卷中更加直接地询问了缅甸民众关于缅甸与中美两国联系的重要性的看法。首先来看看中国，其问题为："与中国联系紧密重要吗"，有四个回答选项，分别是"非常重要""相当重要""不太重要"和"根本不重要"。从样本的总体分布来看，有两成左右（18.9%）的受访者选择了"非常重要"，有一半以上（51.6%）的受访者选择了"相当重要"，有两成左右的受访者（19.9%）选择了"不太重要"，有一成左右（9.6%）的受访者选择了"根本不重要"。

进一步地，从城乡差异来看，如图4—38所示，不管是城市还是农村，回答主要分布在"相当重要"，其次是"不太重要"，再次是"非常重要"，最后是"根本不重要"。将"非常重要"和"相当重要"两项进行加总，城市被调查者占比73.1%，高于农村3.8个百分点。

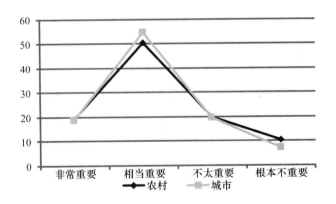

图4—38　与中国联系紧密重要性评价的城乡差异（%）

下面再来分析各族群的情况，将各族群选择"非常重要"和"相当重要"的比例加总进行排序（如图4—39所示），依次是：印度族（80.8%）、若开族（80.5%）、克伦族（79.2%）、掸族（75.1%）、孟族（69.2%）、其他族群（68.8%）、缅族（68.3%）。由此可知，一方面各族群中大部分人均对缅中关系的重要性持肯定态度；另一方面不同族群之间对于缅中关系的重要性的看法迥异，诸如印度族、若开族这些少数民族更为肯定缅中关系的重要性，而作为主体族群的缅族的看法则相对消极。

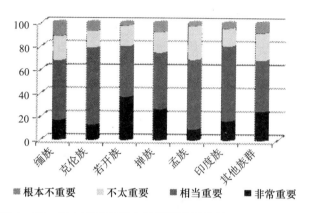

图4—39 与中国联系紧密的重要性评价的族群差异（%）

再来看各省邦对于缅中关系重要性的评价差异（如图4—40所示）。将各省邦选择"非常重要"和"相当重要"的比例加总进行排序，从大到小依次是：仰光省（90.2%）、内比都（82.7%）、若开邦（81.9%）、掸邦（79.7%）、克伦邦（76.7%）、依洛瓦底省（72.5%）、马圭省（69.8%）、孟邦（69.2%）、勃固省（69.0%）、德林达依省（66.7%）、曼德勒省（63.5%）、实皆省（47.6%）、

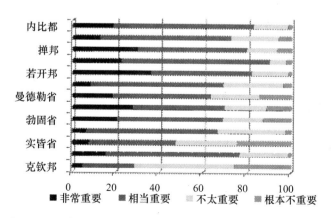

图4—40 与中国联系紧密的重要性评价的省邦差异（%）

克钦邦（28.6%）。由以上数据可知，不同省邦之间对于缅中关系重要性的感受差异较大，一部分省邦中大多数人都肯定缅中关系的重要性，如缅甸经济和政治较发达地区（仰光省和内比都）的受访者中大部分人均认为与中国建立牢固关系非常重要，但是有两个省邦——实皆省和克钦邦中大部分人则对缅中关系持消极态度。

接着，问卷中询问了缅甸居民对与美国联系紧密重要性的看法。其问题是："与美国联系紧密重要吗"，同样有四个回答选项，分别是"非常重要""相当重要""不太重要"和"根本不重要"。

从总样本的分布情况来看，36.8%的受访者认为与美国联系紧密非常重要，一半以上（52.7%）的受访者认为与美国联系紧密相当重要，只有7.9%的受访者认为与美国联系紧密不太重要，2.6%的受访者认为根本不重要。

进一步地，由图4—41可以看出城乡对于这一问题的看法的差别。从整体上来看，城乡被调查者的回答主要分布在"非常重要"和"相当重要"这两个选项上。将"非常重要"和"相当重要"这两项进行加总，城市被调查者占比高达93.4%，高于农村5.6个百分点。也就是说，城市受访者相较于农村受访者更为肯定缅美关系的重要性。

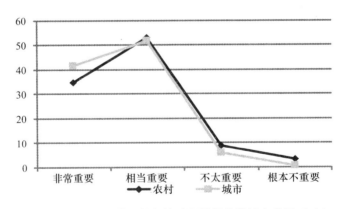

图4—41　与美国联系紧密的重要性评价的城乡差异（%）

由图4—42可以看出各族群对于这一看法的回答的差异，将"非常重要"和"相当重要"这两项加总之后按照从大到小进行排序，依次为印度族（96.2%）、孟族（92.3%）、若开族（92.0%）、克伦族（92.0%）、掸族（91.4%）、其他族群（90.6%）、缅族（88.5%）。也就是说，不同的族群对于缅美关系的重要性的看法存在差异；作为主体族群的缅族相较于少数族群而言看法较为消极。

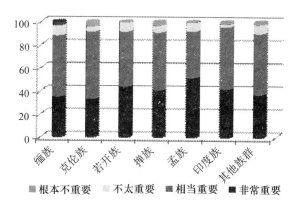

图4—42　与美国联系紧密的重要性评价的族群差异（%）

下面再来分析各省邦对于缅美关系重要性的看法的差异。将"非常重要"和"相当重要"这两项加总之后按照从大到小进行排序，依次为：仰光省（97.8%）、克伦邦（96.7%）、德林达依省（96.7%）、孟邦（96.7%）、内比都（93.3%）、若开邦（91.4%）、掸邦（91.1%）、勃固省（89.3%）、依洛瓦底省（86.9%）、克钦邦（85.7%）、曼德勒省（84.3%）、实皆省（83.6%）、马圭省（82.2%）（如图4—43所示）。

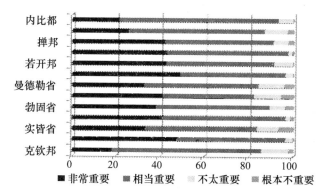

图4—43　与美国联系紧密的重要性评价的省邦差异（%）

　　以上是对受访者对缅中和缅美关系分别作的评价，那么将中国和美国同时进行对比会有什么样的结果呢？因此，本次问卷中比较了中国和美国对于缅甸的重要性，其具体问题为："与中国有牢固的关系和与美国有牢固的关系，哪一个对您的国家更重要"，有四个回答选项，分别为"中国更重要""美国更重要""两国都重要"以及"两国都不重要"。从总样本的分布来看，不到一成的受访者（9.8%）认为与中国有牢固的关系更重要，近一半（47.6%）的受访者认为与美国有牢固的关系更重要，四成左右（36.1%）的受访者认为两个国家同样重要，不到一成（6.4%）的受访者认为两者都不重要。从总体上来说，缅甸民众更肯定缅美关系的重要性。

　　进一步按城乡划分来看，城市受访者认为"美国更重要"占比为57.2%，高出农村受访者13.5个百分点。农村受访者认为"中国更重要"占比为10.0%，高出城市受访者0.6个百分点；认为"两国都重要"的占比为38.8%，高出城市受访者9.1个百分点；认为"两国都不重要"的占比为7.5%，高出城市受访者3.8%。也就是说，不管是城市还是农村，都倾向于认为"美国更重要"和"两国都重要"。但与此同时，城乡之间还存在细微差别，即城市更认可美国，农村则更认为两国都重要（如图4—44所示）。

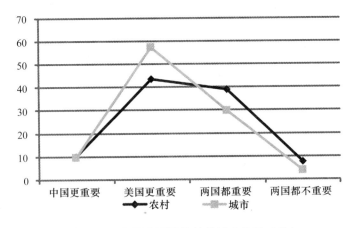

图4—44　中美重要性比较的城乡差异（%）

　　由图4—45再来看各族群的情况。各族群之间对于中美对缅甸的重要性的比较存在一定的差异性。其中，缅族、克伦族、孟族和印度族中四成左右的人选择了"美国更重要"，三成左右的人选择了"两国都重要"，较少的人选择了"中国更重要"，最少的人选择了"两国都不重要"；若开族、掸族和其他人口较少族群中四成以上的人选择了"两国都重要"，三成左右的人选择了"美国更重要"。

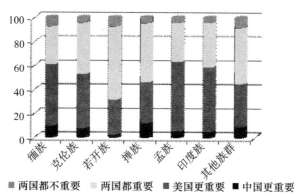

图4—45　中美重要性比较的族群差异（%）

由图4—46来看各省邦的情况，各省邦之间的受访者的看法也存在一定的差异性。克钦邦、克伦邦、实皆省、德林达依省、孟邦、仰光省、依洛瓦底省中最多的人选择了"美国更重要"，其次是"两国都重要"；除此之外的其他省邦则是最多的人选择了"两国都重要"，其次是"美国更重要"。

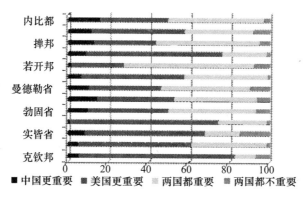

图4—46　中美重要性比较的省邦差异（%）

　　综上所述，本章对于缅甸居民的对于其国内外的经济状况从主观方面进行了测量，既包含了宏观方面的经济环境、经济模式等的评价，又包含了个体方面的做生意的方式等。从整体上看，对于国家经济系统的评价，受访者没有非常明显的倾向性，其选择几乎是各持一半；而对于个人经济系统的正面评价则普遍略高于国家经济系统，同时对于国家和个人经济环境的预期都倾向于有所改善；在对贫富差距的评价上，受访者倾向于认为差距是拉大了；在对于最适合缅甸发展的经济模式的选择上，绝大部分的受访者都选择了自由市场资本主义；绝大部分受访者认为缅甸与印度的贸易合作加强是一件好事；在对世界领先经济强国的排名评价上，排名第一的是美国，第二是中国，第三是日本；在对中美两国人做生意方式的评价上，大部分被调查者表示喜欢美国人做生意的方式，大部分被调查者表示不喜欢中国人做生意的方式；在对国家经济系统的评价上，大部分被调查者表示国家经济系统有利于富人获利而不是大多数人；在对中美两国对缅甸经济环境的影响的评价上，被调查者认为中国的影响程度要大于美国，但对于中国影响的评价主要是消极的，对于美国影响的评价主要是积极的，同时在中美两国与缅甸联系紧密的重要性的评价上，受访者认为美国比中国更为重要。

　　通过将经济环境评价变量与城乡、族群、省邦等变量进行交互，可以大体反映不同层次的缅甸居民对于经济环境的态度：在城乡层面上的差别主要体现在，农村受访者对于国家经济环境的评价、个人经济环境预期、国家经济环境预期要高于城市受访者。城市受访者对于个人经济环境的评价要高于农村受访者，相较于农村受访者认为贫富差距扩大的比例更高，更加认为国家经济系统有利于富人。在对世界经济强国、中国人和美国人的做生意方式、中国和美国对缅甸经济的影响以及中美两国的重要性的评价上，城市受访者相较于农村受访者认可美国的程度更强一些，并且相较于农村受访者更加不认可中国。在族群和省邦层面上，我们看到由于族群和省邦的发展程度的不同，也产生了其居民态度上的种种差异。

第 五 章

社会与宗教

本章根据缅甸民众在社会与宗教层面上的一些观点和行为进行描述、分析，内容包括对国家运行方式的满意程度、社会交往、信息交流的情况，以及对宗教群体的看法这几个方面，以此来了解缅甸民众在信息资源与沟通方面的具体情况。

第一节 国家运行方式

考察受访者对国家内部运行方式的满意程度可以了解民众对于缅甸政治方面的看法，在问卷中具体体现为问题"您对我们国家现今运行的方式满意还是不满意"，回答选项分为"非常满意""满意""不满意"以及"非常不满意"。从样本的总体分布来看，大约一成（10.4%）的受访者选择了"非常满意"，超过一半（52.1%）的受访者选择了"满意"，近三成（27.7%）的受访者则选择了"不满意"，不到一成（9.8%）的受访者则选择了"非常不满意"。由以上数据可以看出，大部分的受访者对缅甸当前的国家运行方式是持积极评价的。

进一步按性别和城乡差异进行考察，可以发现，受访者对缅甸国家内部运行方式的总体评价是"满意"，女性中约有55.0%的人表示满意，男性的这一比例约占49.2%，农村居民中约有51.2%的人满意，城市居民中约有54.4%的人满意目前本国的运行方式。可以看出无论是男性还是女性，农村居民还是城市居民，大部分人都满意本国的运行方式（如图5—1所示）。

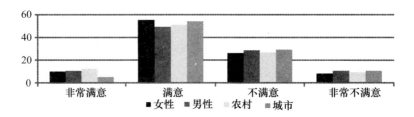

图5—1 国家内部运行方式满意度的性别、城乡差异（%）

本次调查还对是否满意本国运行方式进行了年龄差异的比较。结果显示，各个年龄阶段的受访者中，均有一半左右的受访者表示满意当前国家运行方式，并且可以看出，年龄越大，对国家运行方式的满意度越高。其中60岁及以上的老年人中约有56.4%的人表示满意，50—59岁年龄段的中老年人中约有52.6%的人表示满意，40—49岁年龄段的中年人中约有52.1%的人表示满意，30—39岁年龄段的青壮年中约有51.0%的人表示满意，18—29岁年龄段的年轻人中满意的人数比例约为49.0%（如图5—2所示）。

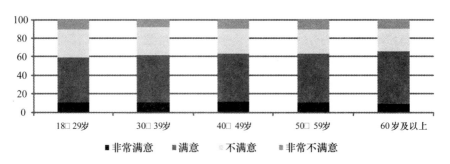

图5—2 国家内部运行方式满意度的年龄差异（%）

受教育水平较高的受访者对本国运行方式的满意度较低，如图5—3所示，大专及以上受教育程度的受访者，仅约有13.6%的人"非常满意"，42.0%的人"满意"，表示满意的人数比例均低于其他较低受教育程度的人。而大专及以上受教育程度的人中约有37.0%表示不满意，约有14.9%的人表示非常不满意本国现在的运行方式，不满意的人数比例均高于其他较低受教育程度的人。说明，受教育程度越高的民众越能看到国家运行方面的问题和不足，对国家目前运行的方式和情况越不满意。

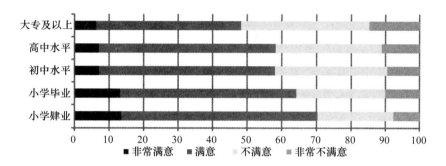

图5—3　国家内部运行方式满意度的受教育水平差异（％）

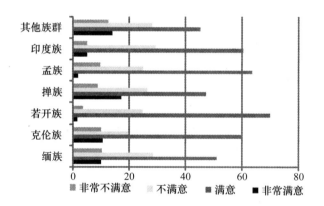

图5—4　国家内部运行方式满意度的族群差异（％）

　　就族群来看，缅甸各族群中大部分人对国家运行方式表示满意。其中掸族中约有17.4％的人表示"非常满意"，仅约有8.8％的人表示"非常不满意"，掸族对国家运行方式的满意度较高（如图5—4所示）。

　　缅甸各省邦对于国家运行方式的满意度差异较大。如图5—5所示，克钦邦对于缅甸运行方式满意度较低，约有46.7％的人表示"不满意"，约有16.2％的人表示"非常不满意"，以上两个比例均高于其他各个省邦。而缅甸首都内比都对国家运行方式的满意度较

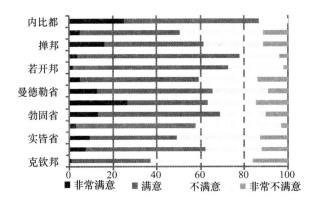

图5—5　国家内部运行方式满意度的省邦差异（％）

高，约有25.3%的人表示"非常满意"，还有一半以上的人（约61.3%）表示"满意"。总体来看，对缅甸运行方式满意度较高的省邦包括克伦邦、德林达依省、勃固省、马圭省、曼德勒省、孟邦、若开邦、仰光省、掸邦、依洛瓦底省和内比都，而克钦邦和实皆省对缅甸运行方式满意度较低。

第二节　社会交往

一　社区交往

社区生活和交往环境往往反映出了社会的秩序和安定程度，也反映出人与人之间的社会距离，一个社区中往往会因为人员繁杂、种族不同、文化不同、外来移民较多而导致社区环境不稳定。通过调查缅甸受访者与自己社区中的邻居交往的状况来观察缅甸社区的稳定程度或是复杂程度，也可以从测量结果了解到缅甸民众在与人交往时的心理状态。具体到本次调查中，就样本的总体分布来看，三成左右（36.8%）的受访者认为多数人很值得信任，三成左右（38.4%）的受访者认为多数人基本值得信任，两成左右（18.3%）的受访者认为多数人需要基本警惕，不到一成（6.6%）的受访者认为必须非常警惕。

进一步从性别和城乡差异来考察缅甸居民的社会信任度，从图

5—6 中可以看出，男性与女性对社区居民的交往态度差异较小。约有 39.1% 的男性表示自己居住的社区中多数人很值得信任，女性的这一比例约为 34.5%。农村和城市居民与社区邻居交往态度的差异也较小，但总体来看，城市人对其社区邻居的信任度低于农村居民，数据显示，约有 38.2% 的农村居民认为自己社区中的多数人很值得信任，城市居民的这一比例略低于农村居民，约为 33.5%。由于农村社区中大部分社会关系纽带都基于亲缘或血缘，同一社区的人之间亲密程度较高，而城市社区的关系纽带多是基于业缘，亲密程度较低，所以信任度也较低。

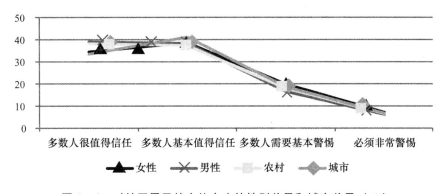

图 5—6　对社区居民的交往态度的性别差异和城乡差异（%）

年龄越小的缅甸人对其社区居民的信任度越低。数据显示，18—29 岁的年轻人中约有 30.7% 的人认为自己居住社区中多数人很值得信任，大部分人（约 40.3%）认为多数人基本值得信任。30—39 岁、40—49 岁以及 50—59 岁的青年人和中年人中分别约有 35.3%、36.3% 和 40.5% 的人认为多数人很值得信任，分别约 39.9%、38.3% 和 34.9% 的人认为多数人基本值得信任。而 60 岁及以上的老年人中约有 42.0% 的人对自己社区邻居的信任度很高，约有 38.4% 的人认为多数人基本值得信任（如图 5—7 所示）。综上所述，老年人对于社区邻居的信任度较高，由于老年人活动范围主要集中在社区，常常与社区居民交往而增强他们之间的熟悉程度和信任感，而年轻人的社交活动范围较广，他们往往不太熟悉自己居住社区的情况，与社区居民之间的信任度较低。

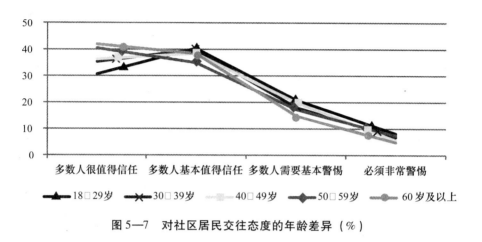

图 5—7　对社区居民交往态度的年龄差异（%）

受教育程度越高的人对其社区居民的信任度越低。数据显示，小学肄业的受访者中约有 39.1% 的人认为社区中多数人很值得信任，小学毕业者的这一比例约为 38.2%，初中水平的受访者的这一比例约为 35.4%，高中水平的受访者的这一比例约为 33.2%，大专及以上教育程度受访者的这一比例约为 33.2%（如图 5—8 所示）。

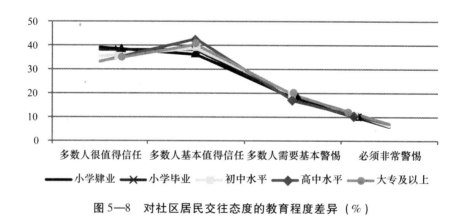

图 5—8　对社区居民交往态度的教育程度差异（%）

从族群差异来看，克伦族中约有 11.4% 的人认为必须非常警惕居住在自己社区中的居民，这一比例高于其他民族。而若开族、掸族和印度族对自己居住社区居民的信任度较高，他们认为社区中多数人很值得信任的人数比例分别约为 47.8%、46.1% 和 43.6%（如图 5—9 所示）。

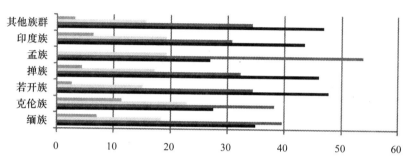

图 5—9　对社区居民交往态度的族群差异（%）

图 5—10 中显示了社会信任的省邦差异，从中可以看出，克钦邦对其社区居民的信任度较低，其中有 39.1% 的人认为多数人需要基本警惕，这一比例均高于其他地区的受访者，约有 26.7% 的人表示社区中多数人很值得信任，这一比例均低于其他地区的受访者。而勃固省、曼德勒省、若开邦、掸邦以及内比都的受访者对社区居民信任度较高，上述地区认为社区中多数人很值得信任的人数比例分别为 47.3%、44.3%、50.5%、51.1% 和 49.3%。

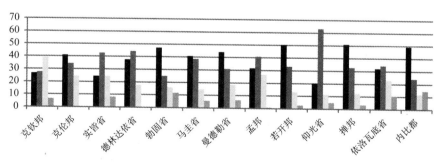

图 5—10　对社区居民交往态度的省邦差异（%）

二　与外国人之间的社会距离

本次调查询问了缅甸民众与外国人（包括美国人、中国人、日本人和印度族）一起工作和生活的感受，以此测量缅甸民众与外国人之间的社会距离。

从图5—11中可以看出，缅甸人与外国人的社会距离较远，缅甸人与外国人的社会交往不密切。大部分缅甸人愿意与外国人成为好友、同事或熟人，但是愿意与外国人成为邻居和与其结婚的缅甸人较少，特别是有极少数的缅甸人愿意与外国人通婚。另外，缅甸人对四个国家的外国人的社会距离均较远，缅甸人无论与美国人、中国人、日本人还是印度族之间的社会交往距离差异都较小，均表现为大部分缅甸人愿意与其成为朋友、同事，也非常欢迎外国人对缅甸进行访问，但是较少的缅甸人愿意与外国人成为邻居，生活在同一社区，特别是愿意与外国人结婚的人数比例特别小。

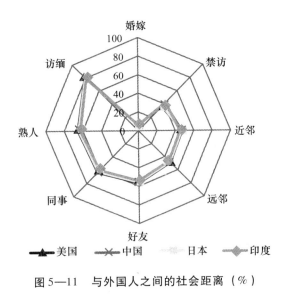

图5—11　与外国人之间的社会距离（%）

具体数据显示，均有超过一半的缅甸人愿意与上述四个国家的外国人成为好友、同事、熟人以及欢迎这些国家的人到缅甸进行访问。其中愿意与美国人成为亲密朋友的缅甸人约占56.5%，愿意与其成为同事的人数比例约为 63.3%，愿意与其成为泛泛之交的人数比例约为 65.1%，欢迎美国人作为访问者来到缅甸的人数比例高达 81%。愿意与中国人成为亲密朋友的缅甸人约占 55.9%，愿意与其成为同事的人数比例约为 62.7%，愿意与其成为熟人的人数比例约为 65.1%，欢迎中国人访缅的人数比例约为 80.8%。愿意与日本人成为好朋友的缅甸人约有 55.7%，愿意与日本人一起共事的缅甸人约占 62.5%，愿意与日本人有泛泛之交的人数比例约为 64.6%，欢迎日本人访缅的人数比例约为 80.3%。愿意与印度族成为好友的缅甸人约占 53.8%，愿意与印度族成为同事的人数比例约为 62.7%，愿意与印度族成为熟人的人数比例约为 72.7%，欢迎印度族访缅的人数比例约为 78.9%。

而针对社会距离较近的社会关系如成为夫妻和邻居，大部分缅甸人表示不愿意。数据显示，分别仅约有 6.1%、6.2%、6.2% 和 5.6% 的人愿意与美国人、中国人、日本人和印度族结婚。本次调查中笔者将"愿意成为隔离邻居"称为近邻，"愿意居住在同一个社区"称为远邻。其中愿意与美国人成为近邻的缅甸人约占 47.4%，成为远邻的人数比例约为 48.6%。愿意与中国人成为近邻和远邻的人数比例分别约为 46.9% 和 48.3%。愿意与日本人成为近邻和远邻的人数比例分别约为 46.9% 和 48.1%。愿意与印度族成为近邻和远邻的人数比例分别约为 45.2% 和 46.6%。可以看出，缅甸人更愿意与外国人建立较疏远的社会关系，而不愿意与外国人建立较亲密的社会关系。

另外，约有 36.4% 的缅甸人不愿意美国人到本国，约有 41.3% 的缅甸人不愿意中国人到本国，约有 37.1% 的缅甸人不愿意日本人到本国，约有 42.2% 的缅甸人不愿意印度族到本国。

第三节　信息交流

随着现代化和全球化时代的到来，随着信息科技的日益发展，人与人之间的沟通交流也越来越便捷，在这样的背景下，一个国家国民与外界的信息交流程度一方面体现了国民心态的开放程度，另一方面也是判断一个国家现代化程度的维度之一。

一　收看或收听国外节目

首先通过询问缅甸受访者接收国外节目的频率来观察其国家的开放程度以及国民了解国外新闻讯息、接触外国文化以及受到外国媒体影响的程度。调查中的收看或收听国外节目包括收看国外电视节目、DVD、电影、广播或通过互联网收看国外节目。从调查数据的样本的总分布来看，有17.4%的受访者表示经常收听或收看国外节目，27.0%的受访者表示至少一周一次，12.4%的受访者表示至少一个月一次，3.4%的受访者表示一年几次，19.2%的受访者表示几乎没有过，20.6%的受访者表示从来没有。从以上可以看出，缅甸民众的生活还是相对封闭的，有四成左右的受访者表示很少或者从来没有收看或收听国外节目。

就性别和城乡差异来看，如图5—12所示，女性收看或收听国外节目的频率略低于男性。女性中几乎每天都接触国外媒体播放节目的人数比例约为17.3%，男性的这一比例约为17.5%；女性中至少每周观看一次的人数比例约为24.0%，男性这一比例约为30.0%；女性中约有21.6%的人几乎没有收看过国外节目，而男性的这一比例低于女性，约为16.8%；女性中约有23.1%的人从来没有收看或收听过国外节目，男性的这一比例比女性要低约5个百分点（如图5—12所示）。

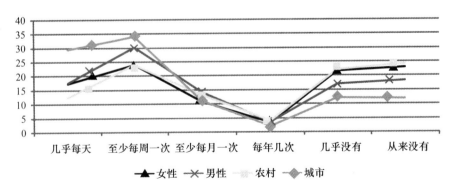

图5—12　收听或收看国外节目频率的性别、城乡差异（%）

　　城市居民收看或收听国外节目的频率高于农村居民。农村居民中约有12.4%的人表示几乎每天都在观看国外节目，而城市居民的这一比例约为29.4%；农村居民中至少每周看一次国外节目的人数比例约为24.1%，城市居民的这一比例约为33.9%；而农村居民中约有22.2%的人几乎没有接触过国外节目，城市居民的这一比例仅约为12.0%；农村居民中约有24.3%的人表示从来没有接触过国外节目，城市居民中从来没有看过国外节目的人数比例低于农村居民约13个百分点（如图5—12所示）。

　　接触国外节目频率的年龄差异总体表现为年龄越小的缅甸人收看或收听国外节目的频率就越高，即缅甸的年轻人较容易接触和接受国外节目。数据显示，18—29岁的年轻人中约有21.2%的人几乎每年都会观看国外节目，30—39岁以及40—49岁年龄段的中年人中均有16%的人表示几乎每天都看国外节目，50—59岁年龄段的人中约有15.1%的人几乎每天看国外节目，60岁及以上的老年人的这一比例约为18.4%。18—29岁年轻人中约有15.9%的人从来没有接触过国外节目，而30—39岁以及40—49岁年龄组的中年人中分别约有18.7%和19.9%的人从来没有收看或收听过国外节目，50—59岁年龄段的人中约有23.3%的人表示从来没有收看过国外节目，60岁及以上老年人的这一比例（约为26.4%）高于其他年龄段（如图5—13所示）。

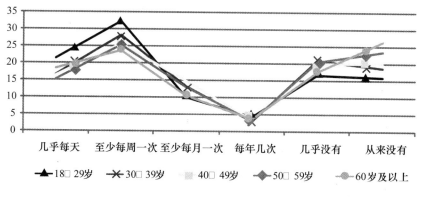

图5—13　收听或收看国外节目频率的年龄差异（%）

　　受教育程度对于观看国外节目频率的差异也较大，受教育程度越高的缅甸人接触国外节目的频率就越高。数据显示，几乎每天都收看国外节目的大专及以上受教育程度的受访者约有31.5%，高中水平的受访者的这一比例约为25.7%，初中水平约为21.8%，小学毕业和小学肄业的这一比例约为11.8%的10.8%。而受教育程度为大专及以上的受访者中仅约有5.8%的人从来没有接触过国外节目，高中水平的受访者的这一比例约为10.4%，初中水平、小学毕业以及小学肄业的受访者的这一比例分别约为18.5%、24.4%和27.7%（如图5—14所示）。受教育程度较高的缅甸人英语水平或其他国家语言的水平较高，理解能力较强且接受新事物的能力较强，所以这一群体接触国外节目的频率较高。

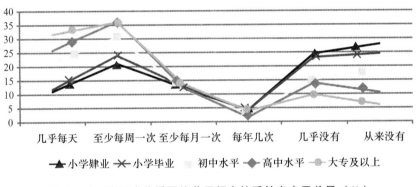

图5—14　收听或收看国外节目频率的受教育水平差异（%）

　　族群差异表现为印度族接触国外节目的频率较低，而孟族和若开族均较高。印度族中约有29.5%的人表示从来没有观看过国外节目；孟族中约有36.5%的人至少每周观看一次国外节目；若开族中约有19.5%的人几乎每天都观看国外节目，约有28.3%的人至少每周观看一次（如图5—15所示）。

　　缅甸各省邦中内比都、曼德勒省、勃固省、马圭省以及依洛瓦底省的民众收看国外节目的频率较低，特别是内比都，而克钦邦、克伦邦、实皆省、德林达依省、孟邦、仰光省以及掸邦民众收看国外节目

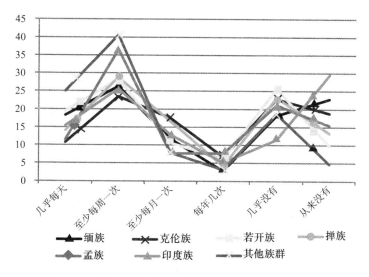

图 5—15 收听或收看国外节目频率的族群差异（%）

的频率较高。几乎每天都观看国外节目的各省邦比例如下：频率较低
的有内比都约为 2.7%，依洛瓦底省约为 9.1%，勃固省约为 13.3%，
频率较高的有克钦邦，约为 24.8%，孟邦约为 24.2%，仰光省约为
21.3%。从来没有接触过国外节目的各省邦比例如下：频率较低的有
克钦邦，仅约为 3.8%，克伦邦仅约有 8.9%，德林达依省仅约有
4.4%，孟邦仅约为 5%。频率较高的有内比都，约有 49.3%，曼德
勒省约为 38.9%，勃固省约为 38.3%（如图 5—16 所示）。

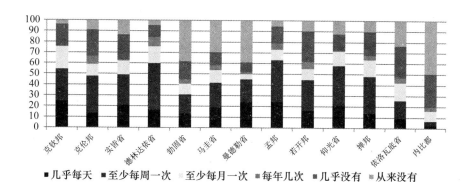

图 5—16 收看或收听国外节目频率的省邦差异（%）

二　互联网使用情况

在全球化的时代背景下，各个国家之间通过互联网沟通，整个世界通过互联网实现信息对接，提高科技生产效率，促进人才、思想和文化的交流。从个人层面上来说，互联网帮助人们获取信息，提高工作效率，减少沟通成本，还丰富了娱乐生活。在某些国家和地区，互联网和手机的使用率和普及率较高，本次调查通过观察缅甸民众使用互联网和手机的情况，来了解缅甸互联网以及手机的普及率。

关于使用互联网的情况，问卷中的具体问题为："你平常使用互联网吗"，回答选项包括"是的"和"没有"这两项。从调查样本的总分布来看，只有不到两成（16.3%）的受访者表示使用互联网，八成以上（83.7%）的受访者表示没有使用互联网的习惯。

从性别差异来看，男性使用网络的比例略高于女性（如表5—1所示），约有17.5%的男性经常或偶尔使用网络，女性的这一比例约为15.1%。

城市居民对互联网的使用率远远高于农村居民，城市居民中约有33.8%的人经常或偶尔使用互联网，而农村居民中仅约有9.0%的人使用过互联网，互联网使用率的城乡差距较大。

各省邦中，仰光省、曼德勒省以及孟邦对互联网的使用率较高，其中仰光省中约有32.9%的人经常或偶尔使用互联网，曼德勒省中约有20.3%的人经常或偶尔使用互联网，孟邦中约有24.2%的人使用互联网。而互联网普及率较低的省邦包括实皆省、德林达依省、若开邦和内比都，以上各省邦经常或偶尔使用互联网的人数比例分别约为8.8%、7.8%、8.6%和9.3%。内比都作为新首都，互联网普及率却较低，可能是由于政府新区的工作人员白天在内比都工作，而下班后就返回仰光生活，也可能是因为进入政府新区访谈的难度较大，所以出现内比都互联网使用率较低的情况。

年龄越小的缅甸民众使用互联网的人数比例越高。18—29岁年龄段的年轻人中约有35.7%的人使用网络，30—39岁、40—49岁和50—59岁年龄段的青年人和中年人中使用互联网的人数比例约为21.2%、12.5%和7.1%，60岁及以上的老年人中仅约有3.8%的人

表5—1　　　互联网使用率的性别、城乡、年龄、受教育水平、
族群、省邦差异　　　　　　　　　单位:%

		使用网络			使用网络
性别	女性	15.1		18—29 岁	35.7
	男性	17.5		30—39 岁	21.2
城乡	农村	9.0	年龄组	40—49 岁	12.5
	城市	33.8		50—59 岁	7.1
省邦	克钦邦	10.5		60 岁及以上	3.8
	克伦邦	13.3	受教育程度	小学肄业	3.3
	实皆省	8.8		小学毕业	5.5
	德林达依省	7.8		初中水平	18.1
	勃固省	10.0		高中水平	31.3
	马圭省	13.3		大专及以上	61.4
	曼德勒省	20.3	族群	缅族	18.2
	孟邦	24.2		克伦族	9.4
	若开邦	8.6		若开族	10.6
	仰光省	32.9		掸族	8.6
	掸邦	13.6		孟族	17.3
	依洛瓦底省	13.9		印度族	10.3
	内比都	9.3		其他族群	26.6

使用网络。

　　受教育程度越高的缅甸民众使用互联网的人数比例越高。小学未毕业和小学毕业的缅甸民众中仅约有3.3%和5.5%的人使用互联网,初中和高中受教育程度的受访者中分别约有18.1%和31.3%的人经常或偶尔使用互联网,大专及以上受教育程度的人中超过一半的人(约61.4%)均使用互联网。可以看出,年龄较小和受教育程度较高的人群对互联网的使用率较高。

　　各族群中缅族和孟族中使用互联网的人数比例较高,分别约有18.2%和17.3%的人使用互联网。而克伦族(约9.4%)和掸族(8.6%)仅约有不到10%的人使用互联网。

三 手机使用情况

（一）手机使用率

就手机普及率而言，总体来看，在缅甸手机的普及率高于互联网的普及率。问卷中的具体问题为"你有手机吗"，回答选项包括"有"和"没有"两项。在样本的总分布中，有65.3%的受访者表示有手机，34.7%的受访者表示没有手机。

如表5—2所示，手机使用率的性别差异较小，女性中约有63.5%的人使用手机，男性中约有67.0%的人使用手机。城市居民手机使用率高于农村居民，城市居民中约有85.3%的人使用手机，而农村居民的这一比例低，约为28.4%。

表5—2 手机使用率的性别、城乡、年龄、受教育水平、族群、省邦差异

单位:%

		使用手机			使用手机
性别	女性	63.5	年龄组	18—29岁	69.9
	男性	67.0		30—39岁	67.5
城乡	农村	56.9		40—49岁	67.3
	城市	85.3		50—59岁	63.7
省邦	克钦邦	63.8		60岁及以上	56.0
	克伦邦	57.8	受教育程度	小学肄业	49.2
	实皆省	57.3		小学毕业	59.6
	德林达依省	33.3		初中水平	71.9
	勃固省	69.3		高中水平	85.0
	马圭省	61.8		大专及以上	92.5
	曼德勒省	77.3	族群	缅族	70.6
	孟邦	55.8		克伦族	49.7
	若开邦	52.4		若开族	54.9
	仰光省	80.9		掸族	45.3
	掸邦	51.4		孟族	59.6
	依洛瓦底省	67.2		印度族	59.0
	内比都	80.0		其他族群	64.1

手机使用率的年龄差异也较小，但总体来看，年龄越小的人群使用手机的人数比例越高。18—29 岁的年轻人中约有 69.9% 的人使用手机，30—39 岁、40—49 岁和 50—59 岁的青年人和中年人中分别约有 67.5%、67.3% 和 63.7% 的人使用手机，60 岁及以上的老年人中约有一半的人（约 56.0%）使用手机。

受教育程度越高的人群手机的使用率越高。其中小学未毕业和小学毕业的受访者中分别约有 49.2% 和 59.6% 的人使用手机，初中和高中水平的受访者中分别约有 71.9% 和 85.0% 的人使用手机，大专及以上学历中绝大多数人（约 92.5%）使用手机。

从各省邦受访者手机使用率的差异中可以看出，仰光省（80.9%）和内比都（80.0%）手机使用率均超过 80%，而克伦邦、实皆省、孟邦、若开邦和掸邦仅约有一半的人使用手机，使用手机的人数比例分别约为 57.8%、57.3%、55.8%、52.4% 和 51.4%。手机普及率最低的地区是德林达依省，仅约有 1/3（约为 33.3%）的人使用手机。

缅族中手机使用率较高，约为 70.6%，而克伦族和掸族中使用手机的人数比例均没有超过 50%，分别约为 49.7% 和 45.3%。

（二）手机费用

缅甸受访者关于手机的每月平均消费为 8456.21 缅币（N = 1957），每月最低消费为 300 缅币，最高消费达到 150000 缅币。具体来看，每月手机开支上的性别差异较小。女性受访者中，约有 29.7% 的人每月手机花费为 300—3000 缅币，31.8% 的人每月花费为 3001—5000 缅币，约 22.6% 的人每月手机花费为 5001—10000 缅币，约有 10.4% 的人每月花费在 10001—20000 缅币，仅约有 5.5% 的女性每月花费在手机上的开支在 20001—150000 缅币。男性受访者中，约有 31.0% 的人每月花费为 300--3000 缅币，约有 28.2% 的人每月花费 3001—5000 缅币，约有 19.7% 的人每月花费 5001—10000 缅币在手机上，约有 15.2% 的人每月花费 10001—20000 缅币，仅约有 5.9% 的人每月花费 20001—150000 缅币（如图 5—17 所示）。

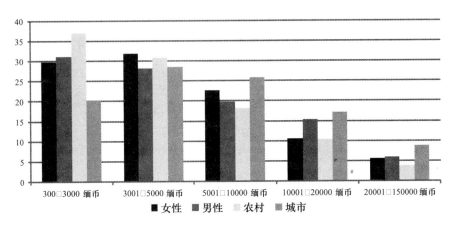

图5—17　每月在手机上的消费情况的性别、城乡差异（%）

　　手机每月开支的城乡差异较大，城市居民每月花费在手机上的开支高于农村居民。数据显示，农村中约有36.9%的人每月手机开支仅为300—3000缅币，而城市居民的这一比例约为20%。另外，农村居民中约有3.7%的人每月手机花费为20001—150000缅币，而城市居民的这一比例约为8.8%（如图5—17所示）。

　　年龄越小的缅甸民众每月花费在手机上的开支越高。数据显示，花费仅为300—3000缅币的18—29岁的年轻人约有23%，30—39岁、40—49岁和50—59岁的青年人和中年人分别约有26.2%、34.3%和34.1%，而老年人即60岁及以上的群体每月花费在手机上的开支仅为300—3000缅币的人数比例约为36.4%，这一比例均高于其他年龄段的群体。每月手机花费较高的包括10001—20000缅币和20001—150000缅币两个档次，其中，18—29岁的年轻人中约有15.4%和9.5%的人每月手机花费分别为10001—20000缅币和20001—150000缅币。而60岁及以上的老年人中仅约有7.1%的人每月手机花费10001—20000缅币，仅约有2.5%的人每月手机花费20001缅币以上（如图5—18所示）。

　　受教育程度越高的缅甸民众每月花费在手机上的开支越高。数据显示，小学未毕业的受访者中约有40.3%的人每月手机花费为300—3000缅币，约有32.5%的人每月手机花费为3001—5000缅币，可以看出小学未毕业的受访者中大部分人每月花费在手机上的钱低于

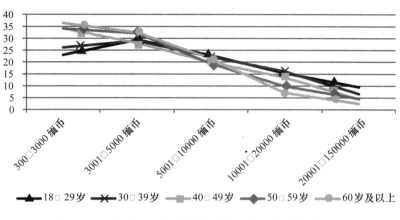

图5—18 每月在手机上的消费情况的年龄差异（%）

5000缅币。大专及以上受教育程度的受访者中约有19.1%的人每月手机花费为10001—20000缅币，约有13.6%的人每月手机花费为20001—150000缅币（如图5—19所示）。可以看出，受教育程度较高的受访者每月手机费用开支偏高，而受教育程度较低的人群每月手机花费则偏低。由于受教育程度较高的人群往往从事着工资收入较高、工作环境好、职业阶层较高的工作，由于工作沟通需要或是拓展基于业缘的社会关系网络，他们手机通信开支往往较大。

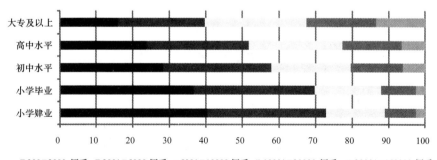

图5—19 每月在手机上的消费情况的受教育水平差异（%）

各族群中孟族每月的手机通信开支较小，而若开族受访者每月手机消费水平较高。数据显示，孟族中约有35.5%的人每月手机花费

仅为 300—3000 缅币，而没有受访者每月手机花费在 20000 缅币以
上。若开族中，约有 16.1% 的人每月手机花费仅为 300—3000 缅币，
这一比例均低于其他民族，但有高达 24.2% 的人每月手机花费在
10001—20000 缅币，约有 8.1% 的人花费为 20001—150000 缅币。缅
族受访者中每月手机花费主要集中在 300—3000 缅币和 3001—5000
缅币，分别约占 30.7% 和 30.2%。克伦族受访者每月手机花费也偏
高，约有 8.1% 的人花费为 20001—150000 缅币。掸族受访者每月手
机花费主要集中在 300—3000 缅币和 3001—5000 缅币，分别约占
37.8% 和 28.7%。印度族每月手机花费主要集中在 3001—5000 缅币
和 5001—10000 缅币，分别约占 37% 和 26.1%（如图 5—20 所示）。

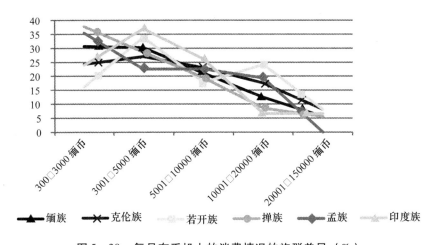

图 5—20　每月在手机上的消费情况的族群差异（%）

各省邦中若开邦和仰光省每月花费在手机上的开支偏高，而实皆
省和内比都每月手机开支偏低。数据显示，若开邦中约有 23.6% 和
9.1% 的人每月手机开支在 10001—20000 缅币和 20001—150000 缅
币，仰光省中约有 20.3% 和 10.7% 的人每月手机开支在 10001—
20000 缅币和 20001—150000 缅币。实皆省中约有 43.4% 和 34.4%
的人每月手机花费为 300—3000 缅币和 3001—5000 缅币，即约有
77% 的人每月手机花费均在 5000 缅币以下。内比都受访者中有
31.7% 和 40% 的人每月手机开支在 300—3000 缅币和 3001—5000 缅

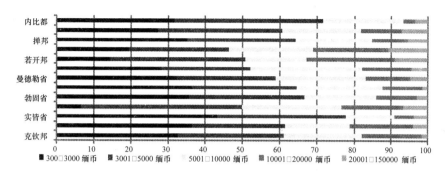

图5—21　每月在手机上的消费情况的省邦差异（%）

币，即内比都受访者中约有71%的人每月手机开支均在5000缅币以下（如图5—21所示）。

第四节　宗教

作为一个几乎全民信教的国家，宗教在缅甸人的政治、文化、生活的方方面面都扮演着重要的角色，要真正理解缅甸，就不可不分析其宗教因素，下文就将围绕着缅甸民众对于宗教本身和宗教群体的看法与态度进行分析。

一　宗教重要性

缅甸是一个多宗教国家，也是政教难以分离的国家。大部分缅甸人信仰的宗教是南传上座部佛教，也称小乘佛教，缅甸佛教为缅甸的国教，缅甸文化受缅甸佛教影响极深，包括语言文字、舞蹈艺术、文学艺术、建筑风格以及道德品质。另外，缅甸也存在部分民众信仰基督教、伊斯兰教以及印度教等。宗教信仰对于个人来说具有重要作用，首先宗教信仰可以帮助人们塑造世界观和价值观，帮助人们剖析人生，规范社会生活和道德法规。其次宗教信仰具有心理调适作用，当人们无法面对生活的坎坷时，信仰可以帮助人们了解生活的真正意义进而寻找生活的乐趣，缓解人们在俗世中的精神压力。

数据显示，缅甸大部分人（约87.4%）认为宗教非常重要，约有12.0%的人认为比较重要，仅约有不到1%的人认为不重要，其中约有0.5%的人认为"不太重要"，仅约有0.1%的人认为"根本不重要"（如图5—22所示）。

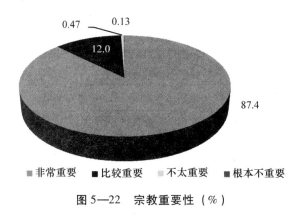

图5—22　宗教重要性（%）

二　关于宗教的法案

本调查试图了解缅甸民众对缅甸与宗教相关的新法案的接受程度。

首先，以往生活在缅甸的穆斯林多存在一夫多妻的家庭生活状况，而新法案要求任何宗教信仰的民众都必须实行一夫一妻制度，大部分人（约87.4%）表示非常赞成，10.0%的人表示赞成，而仅约有1.5%的人反对，1.1%的人非常反对（如图5—23所示）。

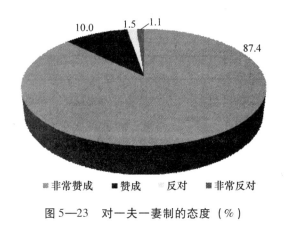

图5—23　对一夫一妻制的态度（%）

其次，针对不同信仰者不能结婚的法案，即限制佛教女性与不同信仰的男性结婚的法案内容，从样本的总体分布来看，七成（70.8%）受访者表示非常赞同，一成左右（12.5%）受访者表示比较赞同，少于一成（6.8%）的受访者表示比较不赞同，一成左右（9.9%）的受访者表示非常不赞同，即大部分受访者还是赞同这一法案的。

进一步按性别和城乡差异来看，数据显示，女性赞成这一法案的人数比例高于男性。女性中约有72.9%的人表示"非常赞成"，约有12.2%的人表示"赞成"；男性中约有68.7%的人"非常赞成"，约有12.9%的人"赞成"。另外，农村中约有72.1%的人非常赞成，约有11.9%的人赞成，约有5.9%的人反对，约有10.1%的人非常反对；城市居民中约有67.7%的人非常赞成，约有14%的人赞成，约有8.8%的人反对，约有9.5%的人非常反对（如图5—24所示）。

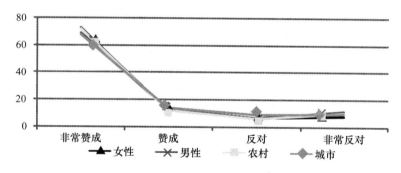

图5—24　对"限制佛教女性与不同信仰的男性结婚"态度的性别、
　　　　城乡差异（%）

对不同信仰者不能结婚法案接受程度的年龄差异也较小，各个年龄段的人多数均非常赞同，其中18—29岁的年轻人中约有74.0%的人非常赞成，30—39岁年龄段的青年人中约有69.6%的人非常赞成，40—49岁年龄段的中青年中约有71.0%的人非常赞成，而50—59岁年龄段的中年人的这一比例约为71.9%，60岁及以上的老年人非常赞成的比例约为67.4%（如图5—25所示）。

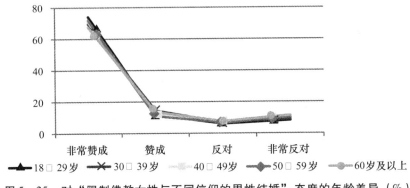

图5—25   对"限制佛教女性与不同信仰的男性结婚"态度的年龄差异（%）

对此法案接受程度的受教育程度差异也较小，各个受教育阶段的缅甸民众多数都非常赞同，其中小学未毕业人群非常赞同的比例约为70%，小学毕业人群的这一比例约为74.4%，初中水平的这一比例约为69.3%，高中水平的这一比例约为70.1%，大专及以上受教育程度的人群中约有70.5%的人非常赞同（如图5—26所示）。

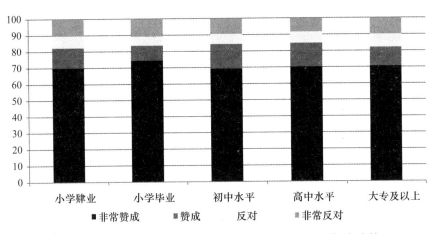

图5—26   对"限制佛教女性与不同信仰的男性结婚"态度的
受教育水平差异（%）

对不同信仰者不能结婚新法案接受程度具有较明显的民族差异和地区差异，可以看出，针对宗教的新法案受个人基本特征如性别、年龄、城乡和受教育程度的影响较小，而其民族性和宗教性才是真正影响对有关宗教的新法案接受程度的关键因素。数据显示，若开族和掸族对于不同宗教不能通婚的新法案的接受程度较高，绝大部分人均表示非常赞成，其中若开族中约有95.6%的人表示非常赞成，约有2.7%的人表示赞成；掸族中约有81.2%的人表示非常赞成，约有10.5%的人表示赞成。相反，克伦族和印度族对这一法案的接受程度较低，克伦族中仅有不到一半的人（约47.7%）表示非常赞成，约有24.2%的人表示赞成；印度族中仅有30.8%的人表示非常赞成，这一比例均低于其他民族，约有26.9%的印度族赞成，有高达26.9%的印度族反对这一法案，约有15.4%的人非常反对这一法案，可以看出印度族反对不同宗教信仰者不能结婚，特别是信仰佛教的女性不能与其他宗教信仰者结婚的法案。由于大部分印度族信仰印度教，这一法案的实行无疑损害了他们的利益，可能出现的情况是印度族难以找到结婚对象（如图5—27所示）。

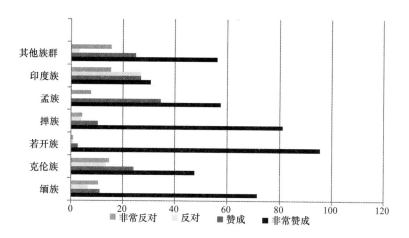

图5—27　对"限制佛教女性与不同信仰的男性结婚"态度的族群差异（％）

相对应的，若开邦的受访者对此法案的接受程度较高，数据显示，若开邦的绝大部分受访者（约97.1%）非常赞成新法案，仅有3.6%和1.7%的人反对和非常反对。勃固省和依洛瓦底省对此新法案的接受程度较低，勃固省的受访者中约有59%的人非常赞成，7.7%的人赞成，约有11%的人反对，约有22.3%的人表示非常反对，这一比例均高于其他地区的受访者。依洛瓦底省的受访者中约有

64.8%的人非常赞成，约有11.5%的人赞成，约有8%的人反对，约有15.7%的人非常反对（如图5—28所示）。

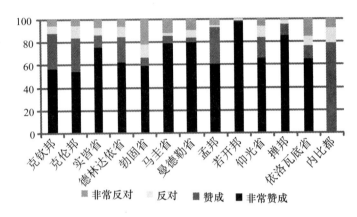

图5—28　对"限制佛教女性与不同信仰的男性结婚"态度的省邦差异（%）

三　与不同宗教信仰者之间的社会距离

本次调查询问了缅甸人是否愿意与不同宗教信仰的人一起工作和生活，以此来测量其与不同宗教信仰者（包括天主教、基督教、佛教、伊斯兰教和印度教）之间的社会距离。

从图5—29中可以清晰地看出，由于缅甸大部分民众信仰佛教以及佛教是缅甸国教的背景，绝大多数缅甸人十分愿意与佛教徒在一起生活和工作，缅甸人对佛教徒的接受程度较高，或者说佛教徒这样一个内群体之间社会关系较紧密。但是对于天主教徒、基督教徒、伊斯兰教徒以及印度教徒来说，缅甸人即大部分佛教徒与他们之间的社会距离较远。

数据显示，绝大多数缅甸人（约94%）愿意与佛教徒结婚，约有97.7%的人愿意与佛教徒成为近邻，约有97.4%的人愿意与佛教徒成为远邻，约有98.1%的人愿意与佛教徒成为亲密朋友，约有98.3%的人愿意与佛教徒在一起工作，约有93.9%的人愿意与佛教徒成为泛泛之交，约有89.7%的人欢迎其他国家的佛教徒前来访问。

缅甸人与伊斯兰教徒之间的社会距离较远，大部分人不愿意与其发展亲密的社会关系，其次是印度教徒和天主教徒。相对来说，缅甸

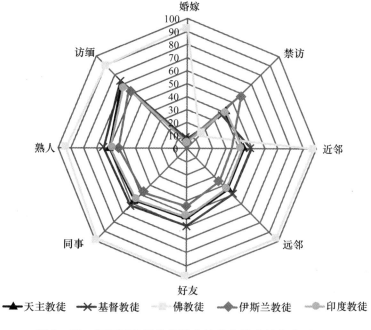

图 5—29　与不同宗教信仰的人的社会距离的态度（%）

人与基督教徒的社会距离近于与伊斯兰教徒、印度教徒和天主教徒的社会距离，他们更愿意与基督教徒交往。

　　数据显示，有超过一半的人（约59.1%）禁止伊斯兰教徒进入缅甸，仅约有6%的缅甸人愿意与伊斯兰教徒结婚，分别约有34.9%和35.5%的人愿意与其成为近邻和远邻，约有44.1%的人愿意与其成为好友，约有48%的缅甸人愿意与其一起工作，约有53%的人愿意与其成为熟人，约64%的人表示欢迎其作为访问者到缅甸。愿意与天主教徒、基督教徒和印度教徒成为夫妻的缅甸人分别约占5.3%、7.2%和4.6%，愿意与其成为近邻的人数比例分别约为44.0%、49.5%、42.7%，愿意与其居住在同一社区的人数比例分别约为44.5%、49.8%和43.7%，愿意与其成为好朋友的人数比例分别约为53.5%、59.2%和52.5%，愿意与其一起工作、成为同事的人数比例分别约为56.8%、61.9%、55.7%，愿意与其成为熟人的人数比例分别约为60%、64.8%和59.4%，欢迎其访缅的人数比例分别约为72.2%、73.7%和69.3%。

第 六 章

政治态度

本章主要是对缅甸民众的政治态度及其相关内容进行描述、分析和探讨，并将城乡、族群和省邦作为每一个问题的相同变量。其主要涉及缅甸民众对政治重要性、本国政府体系、吴登盛政府以及缩小差距或政治自由的态度问题。

第一节　政治重要性

政治重要性是被调查者对政治在其生活中重要性的态度，是被调查者政治认知的重要内容。在问卷中的具体问题为："你认为在你的生活中政治有多重要"，其回答选项分为"非常重要""相当重要""不太重要"以及"一点都不重要"。从样本的总体分布来看，近一半（49.2%）的受访者认为政治在他的生活中非常重要，近四成（38.1%）的受访者认为政治在他的生活中相当重要，不到一成（9.9%）的受访者认为政治在他的生活中不太重要，只有2.8%的受访者认为政治在他的生活中一点都不重要。由此可以看出，缅甸大部分人还是认同政治在其生活中的重要性的。

进一步地，图6—1反映了政治重要性评价的性别和城乡差异。可以看出对政治重要性的认知的性别差异较大，男性对政治的敏感度和关注度都高于女性，男性中有超过一半的人（55.9%）认为政治非常重要，而女性的这一比例为42.5%，低于男性约13.4个百分点。认为政治是"非常重要"的农村居民比例为50.2%，城市居民比例为46.8%；认为政治是"比较重要"的农村居民比例为36.0%，城市居民比例为

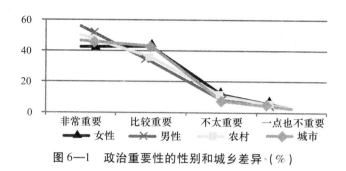

图6—1　政治重要性的性别和城乡差异（%）

43.2%；两者相加，农村居民为86.2%，城市居民为90.0%。可见，无论是农村居民还是城市居民，大部分被调查者都认为政治在其生活中是重要的，城市居民和农村居民的认知并没有显著的差别。

图6—2体现了政治重要性评价的年龄差异，各个年龄段的缅甸民众对政治重要性评价的差异较小，均约有一半的人认为政治对其生活具有非常重要的意义。18—29岁的年轻人中有48.5%的人认为政治非常重要，30—39岁、40—49岁以及50—59岁的青年人和中年人的这一比例分别为47.6%、51.7%和52.1%，60岁及以上的老年人认为政治非常重要的人数比例相比之下较低，为45.4%。60岁及以上老年人中有4.2%的人认为政治一点都不重要，这一比例高于较年轻的群体。

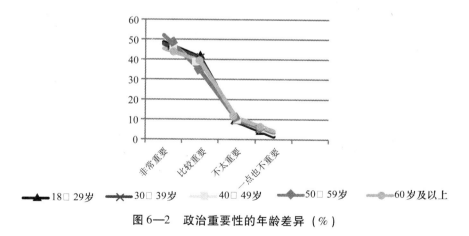

图6—2　政治重要性的年龄差异（%）

就受教育程度来看，受教育程度越高的人群对政治重要性的评价越高。图6—3中的数据显示，受教育程度最低的小学未毕业者中有

46.6％的人认为政治非常重要，小学毕业人群中有51.4％的人认为政治非常重要，初中和高中毕业的人群的这一比例分别为48.2％和51.9％，大专及以上受教育程度的人中认为政治非常重要的人数比例相对来说最高，为52.2％，且大专及以上受教育程度的受访者中仅有0.7％的人认为政治一点都不重要。

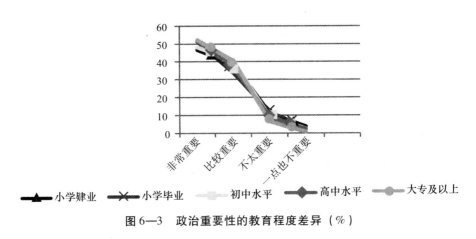

图6—3　政治重要性的教育程度差异（％）

从族群身份上看，也存在一定的差异性。认为"非常重要"或"比较重要"的，缅族为86.5％、克伦族为87.3％、若开族为83.2％、掸族为91.7％、孟族为98.1％、印度族为83.3％、其他族群为92.2％。表示"不太重要"或"一点也不重要"的，缅族为13.5％、克伦族为12.8％、若开族为16.8％、掸族为8.3％、孟族为1.9％、印度族为16.7％、其他族群为7.8％（如图6—4所示）。由此可以看出，各族群受访者认为政治是"非常重要"或"比较重要"的比例都高达八成以上。按其从高到低的排序依次为：孟族（98.1％）、其他族群（92.2％）、掸族（91.7％）、克伦族（87.3％）、缅族（86.5％）、印度族（83.3％）、若开族（83.2％）。掸族和其他族群认为政治"非常重要"的比例高达70.0％左右，其他族群为73.4％，掸族为69.9％。并且这两个族群表示"一点儿也不重要"的比例都为0。克伦族、孟族和印度族表示"非常重要"的比例都超过半数。以上可看出，族群身份的差异对政治重要性态度的影响是非常明显的。可能是受不同族群之间冲突的影响，如掸族要求独立从而导致与中央的武装冲突以及缅甸罗兴亚人问题等。由于这些族群能切身感受到族群冲突之间的各种政治事件，在这种政治社会化过程中强化了其对政治重要性的认知。

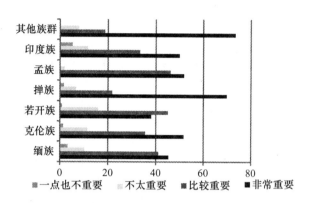

图6—4　政治重要性的民族差异（%）

从省邦来看，表示"非常重要"或"比较重要"的，按照占比从高到低的顺序进行排序依次为：孟邦（98.3%）、德林达依省（97.8%）、掸邦（95.3%）、克钦邦（93.3%）、依洛瓦底省（89.9%）、实皆省（89.4%）、仰光省（88.7%）、曼德勒省（86.1%）、克伦邦（82.2%）、若开邦（81.0%）、马圭省（80.4%）、内比都（76.0%）、勃固省（73.7%）（如图6—5所示）。

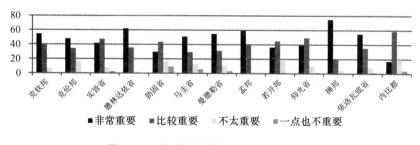

图6—5　政治重要性的省邦差异（%）

各省邦的受访者对政治重要性的态度主要集中在"非常重要"和"比较重要"上，除勃固省和内比都外，诸省邦的比例都超过八成。其中孟邦的受访者认为政治是"非常重要"或"比较重要"的比例最高，勃固省的比例最低。表示"非常重要"的，掸邦比例最高（74.7%），这与掸族表示政治是非常重要的比例相接近。克钦邦、德林达依省、孟邦认为政治"一点儿都不重要"的比例都为0。

第二节　对本国政府体制的态度

缅甸从1988年结束了军人政权，并逐步向民主化迈进。对本国政治体制的态度询问，可以测量缅甸民众对政府体制及其结构和过程的认同感。在问卷中的问题为："与世界其他政府体制相比，您认为我们的政府体制怎样？"回答选项分为"无须改变""小幅改变""大幅改变"和"彻底改变"。从样本的总体分布来看，有一成左右（12.9%）的受访者认为当前政府体制无须改变，有四成左右（37.9%）的受访者认为当前政府体制需要小幅变化，有四成左右（35.5%）的受访者认为当前政府体制需要大幅变化，有一成左右（13.7%）的受访者认为当前政府体制需要彻底改变以至于更换体制。由此可以看出，缅甸居民对本国政府体制的满意度还是较低的，大部分人都倾向于认为本国政府体制至少要做出微小改变。

进一步地，图6—6反映出了对本国政治体制态度的性别差异和城乡差异。从性别差异上来看，男性相比女性更倾向于认为需要做出改变。比如男性中有近四成（38.4%）的受访者认为本国的政治体制需要大幅改变，有近三成（34.3%）受访者认为本国政治体制需要小幅改变；而女性中则是有四成左右（41.5%）受访者认为本国政治体制需要小幅改变，有三成左右（32.7%）受访者认为本国政治体制需要大幅改变。将"彻底改变"和"大幅改变"两个选项进行加总后会发现，女性受访者占到44.3%，男性受访者占到54.1%，男性受访者的占比高于女性近10个百分点。可以看出，相较于女性，男性对本国的政治体系满意度较低，需要采取措施改善。

从城乡上来看，表示"无须改变"的，农村为15.0%，城市为7.9%；表示"小幅改变"的，农村居民为36.6%，城市居民为40.9%；表示"大幅改变"的，农村居民为34.9%，城市居民为37.1%；表示

"彻底改变"的,农村居民为 13.5%,城市居民为 14.1%(如图 6—6 所示)。可以发现,在"小幅改变""大幅改变"和"彻底改变"的占比上,城市受访者的占比都要比农村受访者高一些,即在"无须改变"选项的占比上,城市受访者的占比要比农村受访者低 7.1 个百分点,在一定程度上说明城市比乡村对本国政府体制的认同意识略高。

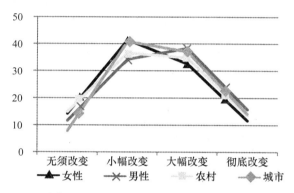

图 6—6 对本国政府体制态度的性别差异和城乡差异(%)

图 6—7 则反映了对这一问题看法的年龄差异,从中可以看出,年龄较长的缅甸民众认为当前本国政治体系需要改变的人数比例略低于较年轻的缅甸民众。18—29 岁年龄段的年轻人中有 11.4% 的人认为无须改变,60 岁及以上老年人中有 15.4% 的人认为无须改变;而 18—29 岁的年轻人中有 15.3% 的人认为本国政府体系需要彻底改变,60 岁及以上老年人认为需要更换体制的人数比例为 11.4%。

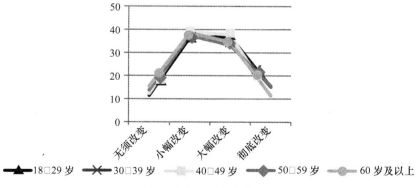

图 6—7 对本国政府体制态度的年龄差异(%)

受教育程度越高的缅甸民众认为当前缅甸政治体系需要改变的人数比例越高，这可能是由于受教育程度越高的人所能洞察到的缅甸当局的问题越多，对本国政治体系的评价更具批判性。图6—8中的数据显示，小学未毕业的人群中有16.7%的人选择"无须改变"，小学毕业的人中有13.5%的人选择"无须改变"，初中和高中的这一比例分别为10.9%和9.4%，大专及以上受教育程度的缅甸民众仅有7.8%的人认为无须改变，该群体中有41.0%的人认为本国政治体系需要大幅改变。

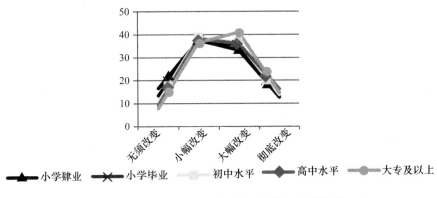

图6—8　对本国政府体制态度的受教育程度差异（%）

从族群来看，表示"无须改变"或"小幅改变"的，缅族为51.3%、克伦族为61.1%、若开族为58.4%、掸族为45.6%、孟族为55.8%、印度族为43.6%、其他族群为29.7%。表示"大幅改变"或"彻底改变"的，缅族为48.7%、克伦族为38.9%、若开族为41.6%、掸族为54.4%、孟族为44.2%、印度族为56.4%、其他族群为70.3%（如图6—9所示）。

克伦族、若开族、孟族对本国的政府体制更倾向于认同，认为本国政府体系"无须改变"或"小幅改变"的比例都超过50%，分别为61.1%、58.4%、55.8%。其中克伦族的受访者仅表示本国政府体系"小幅改变"的比例就高达49.7%。掸族、印度族和其他族群对本国的政府体制更倾向于变革，认为本国政府体系需要"大幅改变"或"彻底改变"的比例分别为54.4%、56.4%和70.3%。其他

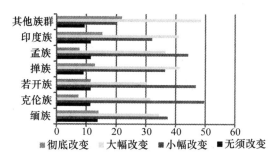

图6—9　对本国政府体制的族群差异（%）

族群认为本国政府体制需"大幅改变"的比例最高（48.4%），并且认为需"彻底改变"的比例也最高（21.9%）（如图6—9所示）。

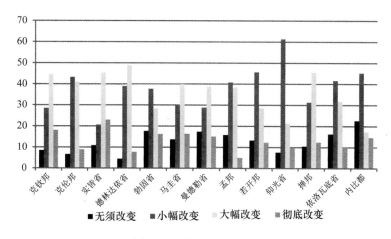

图6—10　对本国政府体制态度的省邦差异（%）

从省邦来看，表示"无须改变"或"小幅改变"的，克钦邦为37.1%、克伦邦为50.0%、实皆省为31.5%、德林达依省为43.3%、勃固省为55.3%、马圭省为43.6%、曼德勒省为46.1%、孟邦为56.7%、若开邦为59.0%、仰光省为68.9%、掸邦为41.9%、依洛瓦底省为57.9%、内比都为68.0%。表示"大幅改变"或"彻底改变"的，克钦邦为62.9%、克伦邦为50.0%、实皆省为68.5%、德林达依省为56.7%、勃固省为44.7%、马圭省为56.4%、曼德勒省为53.9%、孟邦为43.3%、若开邦为41.0%、仰光省为31.1%、掸邦为58.1%、依洛瓦底省为 42.1%、内比都为 32.0%（如图 6—10 所示）。

仰光省和内比都表示本国政府体制"无须改变"或"小幅改变"的比例超过 60.0%，分别为 68.9%、68.0%。我们可以发现作为缅甸前首都和现在首都的仰光和内比都对本国政府体系的认同度是最高的；若开邦、孟邦、勃固省和克伦邦对本国政府体制也偏向于认同；曼德勒省、马圭省、依洛瓦底省、德林达依省、掸邦、克钦邦和实皆省对本国政府体制偏向于不认同。最低的实皆省与最高的仰光省相差 37.4%，说明省邦差别对本国政府体制的认同具有显著性影响（如图 6—10 所示）。

第三节　对吴登盛政府的满意度

体制模式可以各式各样，但对于一种体制的评价还要看其绩效。对政府满意度的调查，可以从整体上判断缅甸民众对政府实际效能的看法。问卷中询问了对吴登盛政府的满意度，其具体问题为"你是否对吴登盛（2011—2015）感到满意"，其回答选项分为"非常满意""比较满意""不太满意"以及"非常不满意"。从样本的总分布可以看出，约有 1/4（25.4%）的受访者对吴登盛政府非常满意，有一半左右（52.4%）的受访者对吴登盛政府比较满意，有近两成（15.1%）的受访者表示不太满意，有近一成（7.1%）的受访者表示非常不满意。由此可以看出，七成以上的受访者对吴登盛政府还是持满意态度的。

从性别差异来看，无论是男性还是女性，大部分人对吴登盛政府的满意程度较高。具体来看，女性中有 23.9% 的人对吴登盛政府非常满意，有超过一半的人（56.0%）"比较满意"，有 14.3% 的人"不太满意"，有 5.7% 的人"非常不满意"。男性中有 26.8% 的人"非常满意"，有 48.9% 的男性"比较满意"，15.9% 的男性"不太满意"，8.5% 的男性"非常不满意"（如图 6—11 所示）。

从城乡差异来看，表示"非常满意"的，农村受访者为 27.8%，城市受访者为 19.7%。表示"比较满意"的比例皆超出半数，农村受访者比例为 50.6%，城市受访者比例为 56.8%。表示"不太满意"的，农村受访者为 14.9%，城市受访者为 15.6%。表示"非常不满意"的，农村受访者为 6.8%，城市受访者为 7.9%。表示"非常满意"或"比较满意"的城市受访者比例为 76.5%，农村受访者比例为 78.4%，两者并没有明显差别，这说明不论是城市受访者还是农村受访者对吴登盛政府的满意度还是比较高的（如图 6—11 所示）。吴登盛政府受到普遍好评与他的积极改革措施是分不开的。如 2011 年吴登盛上台后进行了大刀阔斧的改革，改善经济发展环境，且注重民生，以及与少数民族武装组织签署停火协议，等等。

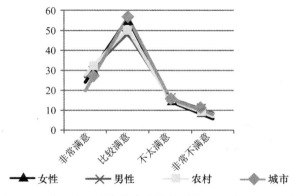

图 6—11　对吴登盛政府满意度的性别差异和城乡差异（%）

从年龄差异来看，60 岁及以上的老年人对吴登盛政府的评价相对较极端，其中有 29.8% 的人"非常满意"，这一比例高于其他年轻群体；而有 9.4% 的人"非常不满意"，这一比例也高于其他年轻群体。其他年龄较小的群体大部分人对吴登盛政府的满意度较高，均有一半的人表示"比较满意"，其中 18—29 岁年龄段的年轻人中有 56.5% 的人"比较满意"，30—39 岁的青年人的这一比例为 51.3%，40—49 岁和 50—59 岁年龄段的中年人的这一比例分别为 52.4%（如图 6—12 所示）。

从族群上看，表示"非常满意"或"比较满意"的，缅族为 77.3%、克伦族为 80.5%、若开族为 90.3%、掸族为 80.1%、孟族为 69.2%、印度族为 70.5%、其他族群为 68.8%。表示"不太满

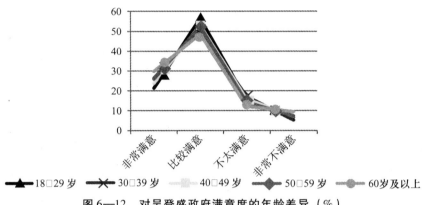

图6—12　对吴登盛政府满意度的年龄差异（%）

意"或"非常不满意"的，缅族为22.7%、克伦族为19.5%、若开族为9.7%、掸族为19.9%、孟族为30.8%、印度族为29.5%、其他族群为31.2%（如图6—13所示）。

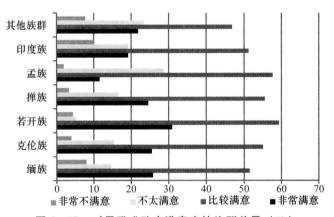

图6—13　对吴登盛政府满意度的族群差异（%）

　　除其他族群外，各族群对吴登盛政府表示"比较满意"的比例都超过了50%，并且表示"非常满意"或"比较满意"的比例都超过60%。其中若开族对吴登盛政府表示"非常满意"或"比较满意"的比例最高，为90.3%；表示"非常满意"的比例也是最高，为31.0%。各族群满意度从高到低依次为：克伦族（80.5%）、掸族（80.1%）、缅族（77.3%）、印度族（70.5%）、孟族（69.2%）、其他族群（68.8%）。总体上各族群对吴登盛政府是偏向于满意的。但同时也应注意到，最低的其他族群和最高的若开族之间相差21.5%，说明族群的差异会在一定程度上影响对吴登盛政府的看法（如图6—13所示）。

　　从省邦来看，表示"非常满意"或"比较满意"的，克钦邦为65.7%、克伦邦为71.1%、实皆省为74.5%、德林达依省为78.9%、勃固省为78.7%、马圭省为74.2%、曼德勒省为66.9%、孟邦为81.7%、若开邦为91.4%、仰光省为89.1%、掸邦为78.3%、依洛瓦底省为76.3%、内比都为89.3%。表示"不太满意"或"非常不满意"的，克钦邦为34.3%、克伦邦为28.9%、实皆省为25.5%、德林达依省为21.1%、勃固省为21.3%、马圭省为25.8%、曼德勒省为33.1%、孟邦为18.3%、若开邦为8.6%、仰光省为10.9%、掸邦为21.7%、依洛瓦底省为23.7%、内比都为10.7%（如图6—14所示）。

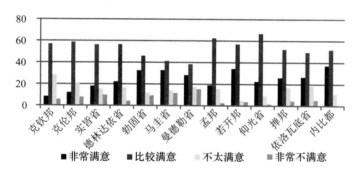

图6—14　对吴登盛政府满意度的省邦差异（%）

　　对吴登盛政府表示"非常满意"或"比较满意"的比例从高到低依次是：若开邦（91.4%）、内比都（89.3%）、仰光省（89.1%）、孟邦（81.7%）、德林达依省（78.9%）、勃固省（78.7%）、掸邦（78.3%）、依洛瓦底省（76.3%）、实皆省（74.5%）、马圭省（74.2%）、克伦邦（71.1%）、曼德勒省（66.9%）、克钦邦（65.7%）（如图6—14所示）。从整体上来说，各省邦对吴登盛政府还是满意的。满意度最高的若开邦和满意度最低的克钦邦两者相差25.7个百分点，说明省邦也是影响民众对吴登盛政府评价的因素之一。

第四节　政治自由

　　缅甸作为发展中国家,经济和政治都是国内重要的问题。问卷询问了受访者"如果您必须在减少经济不平等和保护政治自由中选一个,您认为哪一个更重要",其回答选项分为"缩小经济差距绝对更重要""缩小经济差距更为重要""政治自由更重要"以及"政治自由绝对更重要",用于测量缅甸民众的价值取向。从样本的总分布来看,有三成左右(29.7%)的受访者认为缩小经济差距绝对重要,一成左右(9.0%)的受访者认为缩小经济差距更为重要,一成以上(13.1%)的受访者认为保护政治自由比较重要,一半左右(48.2%)的受访者认为保护政治自由绝对重要。即从整体上来看,大部分的受访者还是倾向于认为保护政治自由更重要。

　　从图6—15中可以看出,相较于女性,更多的男性认为政治自由比减少经济不平等更重要。数据显示,女性中有31.9%的人认为缩小经济差距绝对重要,男性的这一比例为27.6%。女性中有43%的人认为政治自由绝对重要,男性的这一比例高于女性,为53.5%。有一半以上的男性认为政治自由绝对比缩小经济差距重要(如图6—15所示)。

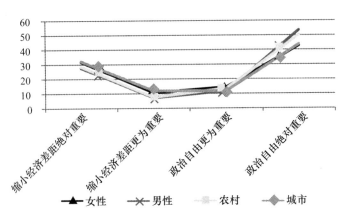

图6—15　缩小经济差距和政治自由比较的性别差异和城乡差异(%)

从城乡来看，表示"缩小经济差距绝对重要"的，农村为28.7%，城市为32.3%。表示"缩小差距更为重要"的，农村为7.7%，城市为12.1%；两者相加，农村为36.4%，城市为44.4%。表示"政治自由更为重要"的，农村为13.6%，城市为11.8%；表示"政治自由绝对重要"的，农村为50.1%，城市为43.8%；两者相加，农村为63.7%，城市为55.6%。可见受访者对是缩小经济差距还是保护政治自由，无论是城市还是乡村都倾向于保护政治自由。表示"政治自由更为重要"，农村比城市高1.8个百分点；表示"政治自由绝对重要"，农村比城市高6.3个百分点；两者相加，农村受访者比城市高8.1个百分点（如图6—15所示）。说明农村比城市对政治自由的倾向更为强烈。

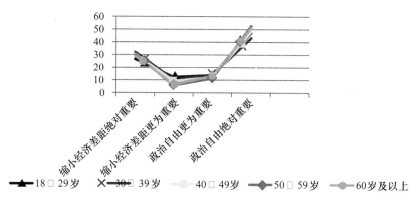

图6—16　缩小经济差距和政治自由比较的年龄差异（%）

从年龄差异来看，年龄较长的缅甸民众认为政治自由更重要。从图6—16中可以看出，在选择"政治自由更为重要"或"政治自由绝对重要"的受访者中，60岁及以上的受访者占比最高，为64.4%；其次是50—59岁受访者，为64.1%；接着是40—49岁受访者，为60.5%；随后是18—29岁受访者，为61.1%；最后是30—39岁受访者，为57.6%。

从受教育程度方面来看，经济平等和政治自由选择的受教育程度差异较小，各个受教育程度的人群中大部分人都认为政治自由绝对重要，其中小学未毕业和小学毕业的人群中分别有46.5%和50.6%的人认为政治自由绝对重要，初中水平和高中水平的人群的这一比例分别是50.2%和44.4%，大专及以上受教育程度的人群中有49.5%的人认为政治自由绝对重要（如图6—17所示）。

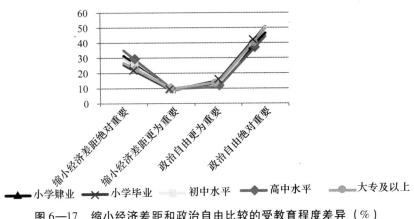

图6—17　缩小经济差距和政治自由比较的受教育程度差异（%）

从族群上看，表示"缩小经济差距绝对重要"或"缩小经济差距更为重要"的，缅族为37.9%、克伦族为40.9%、若开族为44.2%、掸族为40.1%、孟族为32.7%、印度族为44.9%、其他族群为40.6%。表示"政治自由更为重要"或"政治自由绝对重要"的，缅族为62.1%、克伦族为59.1%、若开族为55.8%、掸族为59.9%、孟族为67.3%、印度族为55.1%、其他族群为59.4%（如图6—18所示）。

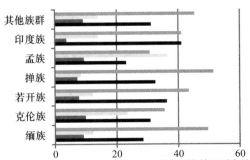

图6—18　缩小经济差距和政治自由比较的族群差异（%）

图 6—18 所示各族群的受访者认为政治自由"更为重要"或"绝对重要"的比例都超过 55%。其按高低顺序依次为：孟族（67.3%）、缅族（62.1%）、掸族（59.9%）、其他族群（59.4%）、克伦族（59.1%）、若开族（55.8%）、印度族（55.1%）。最高的孟族和最低的印度族相差 12.2 个百分点。其中掸族的受访者表示"政治自由绝对重要"的比例就高达 51.4%；其次是缅族，为 49.6%。可见这两个族群带有明显的自由价值取向。需要注意的是印度族表示"缩小经济差距绝对重要"的比例最高（41.0%），说明缩小经济差距也是印度族关注的重要的议题。

从省邦上看，表示"缩小经济差距绝对重要"或"缩小经济差距更为重要"的，克钦邦为 30.5%、克伦邦为 33.3%、实皆省为 16.4%、德林达依省为 46.7%、勃固省为 35.7%、马圭省为 25.8%、曼德勒省为 40.3%、孟邦为 41.7%、若开邦为 46.7%、仰光省为 57.8%、掸邦为 41.4%、依洛瓦底省为 40.5%、内比都为 36.0%。表示"政治自由更为重要"或"政治自由绝对重要"的，克钦邦为 69.5%、克伦邦为 66.7%、实皆省为 83.6%、德林达依省为 53.3%、勃固省为 64.3%、马圭省为 74.2%、曼德勒省为 59.7%、孟邦为 58.3%、若开邦为 53.3%、仰光省为 42.2%、掸邦为 58.6%、依洛瓦底省为 59.5%、内比都为 64.0%（如图 6—19 所示）。

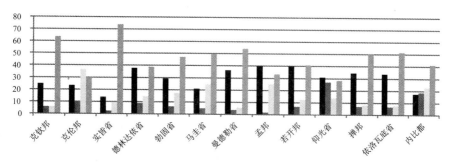

图 6—19　缩小经济差距和政治自由比较的省邦差异（%）

　　实皆省表示"政治自由绝对重要"或"政治自由更为重要"的比例最高,为83.6%,仰光省的比例最低,为42.2%,两者相差41.4个百分点。除仰光省外,其他诸省邦受访者表示"政治自由更为重要"或"政治自由绝对重要"的比例皆超过50%。两个省邦受访者表示"政治自由绝对重要"的比例超过60%,其中实皆省的比例为73.9%,克钦邦的比例为63.8%(如图6—19所示)。由以上数据可知,省邦是影响缅甸民众对经济平等和政治自由价值偏向的一个重要因素。

　　从以上分析可知,缅甸作为一个发展中国家,经济落后是其重要特征。但长期的中央与地方武装的矛盾、族群冲突、宗教冲突等问题笼罩着缅甸,使得缅甸民众受到政治社会化的影响,并认识到了政治在其生活中的重要意义。民主化一直是缅甸政治发展的一个重要方面,从1988年军政权的结束到2011年吴登盛政府,拥有100多个民族的缅甸,族群冲突挥之不去。缅甸的少数民族不管是对本国政府体制还是吴登盛政府的满意度都是排在最后,可见族群问题是缅甸政治发展的一个主要障碍。

第 七 章

民主与选举

缅甸有着近半个世纪的军人专政统治传统,特别是自1992年的军人政变以来,经历了长期的军人统治,军人统治根深蒂固。按照2008年《缅甸联邦共和国宪法》的规定,2010年,一场并没有引起国内外过多关注的选举在缅甸拉开序幕,之所以没有得到过多的关注,是因为大多数人都认为,在缅甸强大的军人政权统治下,选举结果没有悬念,结果也证实了大多数人的猜测,支持军方的联邦巩固和发展党(巩发党)获得80%的议席,吴登盛当选总统。但是,之后由当局政府主导的一系列民主化改革让缅甸受到国内外民主人士的高度关注。2015年7月,缅甸最大的在野党全国民主联盟(民盟)主席昂山素季宣布民盟将参加即将在11月举行的全国大选。11月举行的大选在异常平稳的状态下度过,结果既在预料当中,也出人意料。预料当中的是,民盟以较大优势获得胜利,缅甸新政府和新议会在2016年年初组成;出人意料的是,支持军方的巩发党承认失败,并对民盟的胜利表示祝贺。在缅甸民主化过渡的关键时期,这次选举意义重大。首先,不管军方出于什么目的推动这场政治改革,自2010年民主选举以来,缅甸民主化确实在当局的主导下得到了快速发展;其次,这次选举是缅甸25年来首次采取公开竞争的全国性选举,2016年年初组成了新政府和议会,是缅甸民主化过渡时期的具有标志性意义的选举,按照传统意义的政治学理念,国家各方面水平达到一定的条件,民主将自然而然地产生,在现今仍然贫穷落后和军人专政传统如此根深蒂固的缅甸,这次大选如此平稳进行，其意义在于为缅甸民主化树立了一座里程碑，引人深思。

本章基于数据分析对缅甸居民对2015年缅甸举行大选的民主情况认识进行描述、分析和总结，从数据中了解关于缅甸民主和选举的实际情况，通过定量化分析从另一个侧面更加理性地看待这次选举，以较为准确地预测缅甸未来的民主化道路。

第一节 选举

一 对选举结果的满意度

本节首先来分析民众对这次选举结果的满意度。问卷中的具体问题为"你对选举结果是否感到满意"，其回答选项包括"非常满意""比较满意""比较不满意"和"非常不满意"，将"非常满意"和"比较满意"两项进行合并可以得到满意度。从样本的总体分布可以看出，受访者中满意度高达95.7%，说明民众普遍对选举结果感到满意。

从表7—1中可以看出，缅甸不同性别、年龄和受教育程度的城乡居民对选举的满意程度差别不是很大，基本上都维持在95%以上。

满意度在不同省邦或不同族群间的差别则相对要大一些。从省邦来看，首都内比都的满意度高达100%；若开邦、马圭省、勃固省和克钦邦的满意度则低于95%，其中若开邦相较于其他省邦，低了10个百分点左右；除此之外，其他省邦的受访者对这次选举则基本保持了95%以上的满意度。从族群上来看，孟族的满意度高达100%，若开邦的主要民族若开族对选举满意程度相较于其他族群是最低的，其他族群则都维持在95%以上。

表7—1　　　　　　　　缅甸居民对选举结果的满意度情况　　　　单位:%

		满意度			满意度
性别	女性	95.1	年龄组	18—29 岁	95.7
	男性	96.3		30—39 岁	95.4
城乡	农村	95.5		40—49 岁	96.1
	城市	96.3		50—59 岁	96.2
省邦	克钦邦	91.4		60 岁及以上	95.0
	克伦邦	98.9	受教育程度	小学肄业	95.4
	实皆省	96.7		小学毕业	94.5
	德林达依省	96.7		初中水平	96.0
	勃固省	94.7		高中水平	97.9
	马圭省	93.8		大专及以上	95.9
	曼德勒省	96.0	族群	缅族	95.8
	孟邦	98.3		克伦族	96.6
	若开邦	83.8		若开族	86.7
	仰光省	98.0		掸族	95.6
	掸邦	95.3		孟族	100
	依洛瓦底省	96.0		印度族	98.7
	内比都	100		其他族群	98.4

二　选举权利

民众对选举结果的满意度取决于选举是否给予民众真正选举不同政党或候选人的权利。问卷中询问了"你认为我们的选举真正为选民们提供了选举不同政党或候选人的权利吗",其回答选项分别为"总是""很多时候""有时候"和"几乎没有"。从样本的总体分布来看,有两成左右(19.9%)的受访者选择了"总是",有六成左右(62.0%)的受访者选择了"很多时候",有一成多(14.5%)的受访者选择了"有时候",有3.5%的受访者选择了"几乎没有"。从中看出八成以上的受访者对于选举过程的民主性是持认可态度的。

从图7—1中可以看出,不论是城乡还是不同性别,选择"很多时候"的占比最多,其次是"总是",再次是"有时候",最后是"几乎没有"。也就是说,大部分受访者对这次选举的评价还是正面的，同时性别上的差异最不明显，城乡之间的差异稍微大一些，城市受访者的评价相较于农村略为正面一些。

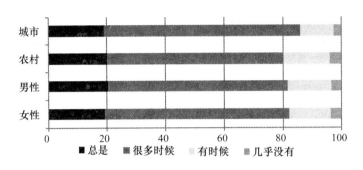

图7—1　选举权评价的城乡、性别差异（%）

从年龄上来看，各年龄层次的人群对这个问题的看法的差别不是很大。图7—2则体现了该问题的年龄差别。如在"几乎没有"这一完全负面的评价中，占比最小的30—49岁这个年龄段的比例为2.4%，占比最大的50—59岁这个年龄段的比例为4.7%，两者仅仅相差2.3个百分点。说明年龄可能并不是影响对选举过程评价民主性的主要因素，各年龄层次对此次选举过程的评价都比较正面。

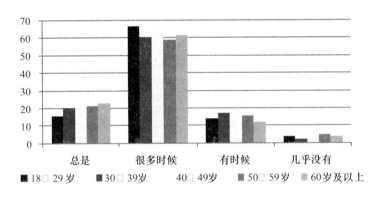

图7—2　选举权评价的年龄差异（%）

从受教育程度来看，图7—3的数据显示，不同受教育程度的受访者对于该问题的看法差别并不大。如从"几乎没有"这一选项中可以看出，占比最高的小学毕业者的比例为 4.1%，占比最低的大专及以上学历者比例为 2.4%，两者相差不足 2 个百分点。

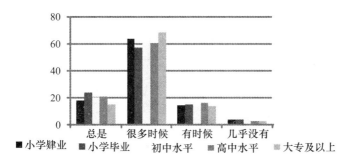

图 7—3　选举权评价的受教育程度差异（%）

图 7—4 体现了该问题在族群上的差别。从"几乎没有"这一选项上可以看出，族群差别比起上面的城乡、年龄、受教育程度的差别都要大，占比最高的为掸族（8.3%），最低的有孟族和印度族，皆为 0。

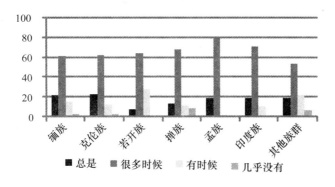

图 7—4　选举权评价的族群差异（%）

图 7—5 体现了该问题的省邦差别。从"几乎没有"这一选项中可以看出，省邦之间对这个问题的态度的差异也较大。其中，在"几乎没有"这一选项中占比最大的有掸邦，高达 10.6%，也就是说，掸邦对于此次选举的认可度是最低的；占比最小的有克伦邦、德林达依省，皆为 0。

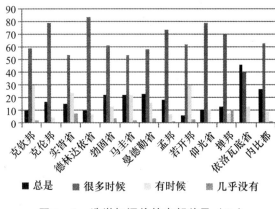

图7—5 选举权评价的省邦差异（%）

三 参与投票情况

问卷中还询问了受访者在各次选举中参与投票的情况。

由图7—6可知，在实际投票中，缅甸民众在1990年、2010年和2012年三次选举中，在民族院、人民院和省邦议会参与投票的受访者较多，参与少数民族议席和地方选举投票的受访者较少。其中2010年，在民族院、人民院和省邦议会分别都有超过一半受访者参与过投票。在2015年，参与少数民族议席投票的民众明显增多，接近参与民族院、人民院和省邦议会的民众数，达88.5%。这可能主要是因为2010年选举以来，民主化程度经过了5年的发展，开始体现出来。而参与地方选举的民众在这三次选举中都不多，有接近80%的受访者在三次选举中都没有在地方选举中投票。

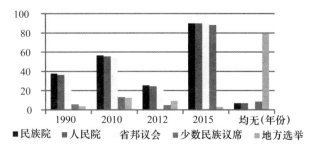

图7—6 各次选举参与投票的情况（%）

　　问卷中还询问了受访者在 2015 年的全国选举中给政党的投票情况，在问卷中的具体问题为"在 2015 年的全国选举中，你投了哪个政党"，选项包括"巩发党""民盟"和"其他政党"。从样本的总体分布来看，有近七成（67.3%）的受访者选择了民盟，有两成左右（23.5%）的受访者选择了巩发党，一成左右（7.8%）的受访者选择了其他政党。

　　进一步分析城乡差异可以看出，首先民盟显然不论是在城市还是在乡村都有着良好的群众基础，其次是巩发党，最后是其他党派。城市居民最支持民盟，比农村多出超过 10% 的选民投票选择了民盟。虽然巩发党得票数明显低于民盟，但巩发党在农村中拥有更强的实力，比城市选民多出超过 10 个百分点的选民投了巩发党的票（如图 7—7 所示）。

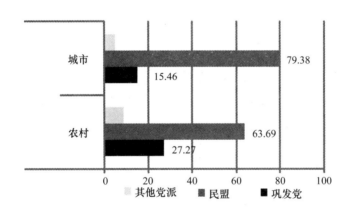

图 7—7　2015 年全国大选投票情况城乡差异（%）

　　图 7—8 是投票情况在各族群的差异。得票最多的民盟在印度族、孟族、缅族中拥有较好的群众基础，而只有 17.0% 的若开族受访者在选举中选择了民盟（如图 7—8 所示）。这可能是因为若开族接近印度，长期受到印度的影响而一直不满缅族的统治，历史上的若开族一直希望实现自治。

　　同样的情况也反映在不同省邦之间，由图 7—9 可知，以缅族和孟族为主要民族的德林达依省和仰光省有接近 90% 的受访者在选举中选择了民盟，而以若开族为主要民族的若开邦的受访者对巩发党和民盟的支持率都只有 15% 左右，对其他党派的支持率则高达 72%。

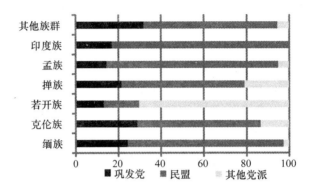

图 7—8　2015 年全国大选投票情况族群差异（%）

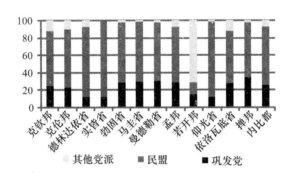

图 7—9　2015 年全国大选投票情况的省邦差异（%）

问卷中询问了受访者关于最近的一次选举，即 2015 年 11 月 8 日那次选举的有关陈述的看法。如表 7—2 所示，均有 95% 左右的受访者认为这次选举计票公正、选举官员公正、记者报道公正使得选民能够按照自己的意愿选举，只有 1/4 左右的受访者认为此次选举存在富人买卖选票和贿赂选民等情况。此外，电视新闻等形式的宣传手段也越来越受到选民的认可，有接近 2/3 的受访者认为电视新闻的宣传有利于此次选举。

表 7—2　　　　　　　　关于 2015 年大选的相关看法　　　　　　　　单位：%

	非常同意	同意	不同意	非常不同意
计票公正	54.1	41.3	3.3	1.3

续表

	非常同意	同意	不同意	非常不同意
反对派候选人竞选活动受阻	25.0	52.1	16.9	6.1
电视新闻有利于执政党	17.6	46.6	26.7	9.1
贿赂选民	4.0	15.9	33.4	46.8
记者对选举进行公正的报道	26.8	54.3	15.1	3.7
选举委员会官员是公正的	44.8	49.3	4.6	1.3
富人买选票	5.7	14.1	33.4	46.8
选民在投票站受暴力威胁	2.0	4.6	30.2	63.2
选民能够按真实意愿投票	62.2	34.0	2.7	1.1

第二节　民主

一　对民主政府的看法

关于受访者对于民主政权的看法，具体问题体现为"下面哪一种说法更接近您的想法"，其回答选项包括"民主总是比其他类型的政府好"，"在一些情况下，专制政府比民主政府好"，以及"对于像我这样的人，不管我们是否有民主或非民主的政权都不重要"。从样本的总体分布来看，有七成以上（75.9%）的受访者认为民主总是比其他类型的政府好，有一成左右（9.4%）的受访者认为"在一些情况下，专制政府比民主政府好"，少于两成（14.7%）的受访者认为"对于像我这样的人，不管我们是否有民主或非民主的政权都不重要"。

进一步从城乡差异来看，如图7—10所示，不管是城市受访者还是农村受访者都更倾向于认为民主总是比其他政府类型好。与此同时两者之间的差别并不大，比如，分别有74.7%和76.4%的农村受访者和城市受访者认为民主总是比其他政府类型好。

图7—11则体现了这个问题在族群之间的差别。孟族认为民主总是比其他政府类型好的受访者占到了90.4%，其他族群都有超过80%的受访者认为民主要优于其他政府类型，而认为民主优于其他政府类型受访者占比最少的若开族只有62.8%，这说明尽管大部分若开族受访者还是支持民主的，但民主在若开族民众心中的地位远远

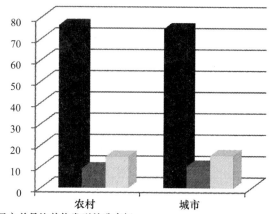

图7—10　对民主政府看法的城乡差异（%）

不如其在其他各族群民众心中的地位。

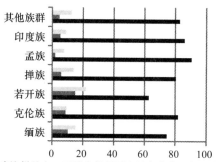

图7—11　对民主政府看法的族群差异（%）

　　在各省邦的受访者看来，如图7—12所示，以孟族为主要民族的孟邦有92.5%的受访者认为民主优于其他形式，而缅甸首都内比都的受访者则只有58.7%的受访者认为民主优于其他形式，接近1/3的受访者认为是否民主与他们无关，这说明省邦也是影响缅甸居民对民主的看法的因素之一。

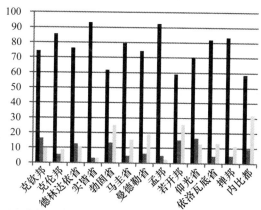

■ 民主总是比其他类型的政府好
■ 在一些情况下，专制政府比民主政府好
▨ 对于像我这样的人，不管我们是否有民主或非民主的政权都不重要

图 7—12　对民主政府看法的省邦差异（%）

二　民主能否解决社会问题

关于民主是否能对社会问题的解决发挥作用，问卷中的具体问题为："下面哪一种说法更接近您的想法"，其回答选项包括"民主能够解决我们的社会问题"和"民主不能够解决我们的社会问题"。从样本的总体分布可以看出，受访者大多数（90.9%）都认为民主能够解决社会问题，只有不足一成（9.1%）的受访者认为民主不能够解决社会问题。

进一步分析城乡差异，如图 7—13 所示，农村和城市均有超过90%的受访者认为民主制度能够解决缅甸存在的社会问题，城乡之间并没有明显差异。如农村受访者中有 91.2% 的人认为民主能够解

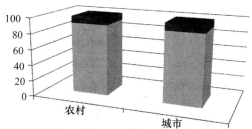

■ 民主不能够解决我们的社会问题　■ 民主能够解决我们的社会问题

图 7—13　民主能否解决社会问题的城乡差异（%）

决社会问题，城市受访者中有 90.4% 的受访者认为民主能够解决社会问题。

从族群差异来看，如图 7—14 所示，几乎全部的孟族受访者认为民主能解决社会问题，而认为民主能解决社会问题的若开族受访者占比最少，不足 90%。这说明不同族群在这一问题的看法上存在差异。

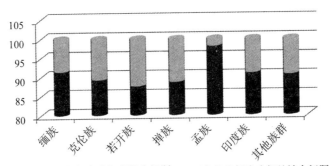

图 7—14　民主能否解决社会问题的族群差异（%）

相对应的，不同的省邦对于这一问题的看法也存在差异。比如，以孟族为主要民族的孟邦，有 94.2% 的受访者认为民主能解决社会问题；而若开邦最少，只有 86.7% 的受访者认为民主能解决社会问题（如图 7—15 所示）。

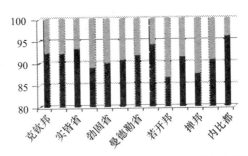

图 7—15　对民主能否解决社会问题看法的省邦差异（%）

三　民主与经济

问卷中还询问了缅甸民众对民主与经济发展之间的选择的倾向性，其具体问题为"如果您必须在民主和经济发展中选一个，您认为哪一个更重要"，其回答选项包括"经济发展绝对更重要""经济发展更重要""民主更重要"以及"民主绝对更重要"。从样本的总体分布来看，有超过四成（43.8%）的受访者认为"经济发展绝对更重要"，有近一成（9.5%）的受访者认为经济发展更重要，有不足一成（6.6%）的受访者认为"民主更重要"，有四成左右（40.1%）的受访者认为"民主绝对更重要"。从中可以看出对于经济发展和民主之间的选择基本持平，但是也略有差别，稍多的受访者选择了经济发展。

进一步来看城乡差异，如图7—16所示，可以看出，不管是城市受访者还是农村受访者，都稍更倾向于选择经济发展，并且从数据上来看，两者之间并不存在明显的差异。如对"经济发展绝对更重要"和"经济发展更重要"两项进行加总，城市受访者的比例为55.5%，农村受访者的比例为52.5%。

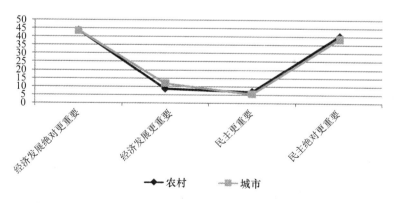

图7—16　民主与经济发展的重要性比较的城乡评价差异（%）

如图7—17所示，在各族群中，若开族认为经济发展相对更为重要的受访者占比最多，达到了68.1%；经济发展程度相对较高的孟族则认为民主相对更重要的受访者占比最多，达到了69.2%。这说明不同族群之间对这一问题的看法存在差异。

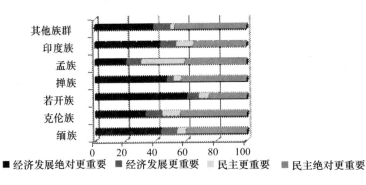

图 7—17　对民主与经济发展重要性比较的族群评价差异（％）

　　相对应的，省邦之间对这一问题的看法也存在着明显差异。将"经济发展绝对更重要""经济发展更重要"加总，将"民主更重要""民主绝对更重要"两项进行加总，计算后发现，省邦中认为经济发展更重要的有勃固省、马圭省、曼德勒省、若开邦、仰光省、掸邦和内比都，其余的省邦则认为民主更重要（如图 7—18 所示）。

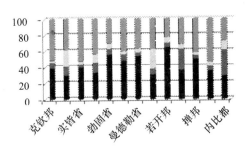

图 7—18　对民主与经济发展重要性比较的省邦评价差异（％）

四　对民主的评价

　　在对于"民主虽然存在缺陷，但仍然是当前最好的政府形式"这一陈述的态度中，从样本的总体分布来看，有近一半（47.2%）

的受访者非常同意这一说法，有四成左右（45.3%）的受访者表示比较同意，分别只有6%和1.5%的受访者表示比较不同意和非常不同意。

进一步分析城乡差异可以看出（如图7—19所示），城乡均有超过92%的受访者认为民主虽然存在问题，但是仍然是当前最好的政府组织形式，且城乡之间并不存在显著的差异。

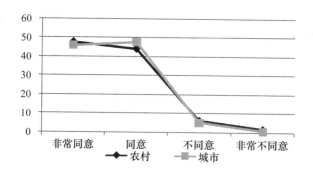

图7—19　对"民主虽有缺陷但仍是最好的形式"
这一陈述的城乡态度差异（%）

但从各族群的角度进行分析，族群之间对这一问题的看法存在差异，如若开族有接近1/5的受访者不赞同这种说法，其他各族群表示不同意的占比则为1%—10%（如图7—20所示）。

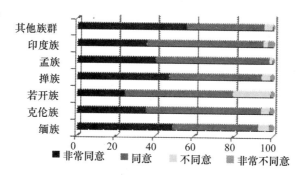

图7—20　对"民主虽有缺陷但仍是最好的形式"
这一陈述的族群评价差异（%）

各省邦对这个问题的看法的差异也比较大。内比都有超过 99%
的受访者赞同这种说法；但在若开邦，只有 75% 左右的受访者赞同，
接近 1/4 的受访者不赞同这种说法，为不赞同这种说法受访者比例最
大的省邦（如图 7—21 所示）。

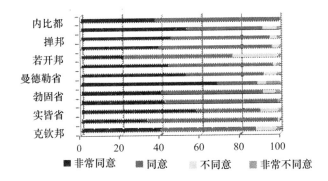

图 7—21　对"民主虽有缺陷但仍是最好的形式"
这一陈述的省邦态度差异（%）

五　政府民主化运行的重要程度

问卷中还让民众对政府以民主方式运行的重要程度进行打分，1
分表示"一点都不重要"，10 分表示"非常重要"，从 1 分到 10 分
重要程度依次增加。在样本量为 3000 的情况下，对于该问题的打分
的均值约为 8.3 分，最小值为 1 分，最大值为 10 分，从均值可以看
出，大多数受访者认为政府的民主运行（民主政府）是相当重
要的。

由图 7—22 可以看出这个问题在性别和城乡变量上的分布，不论
男女、城乡，都有超过一半的受访者认为民主的政府是非常重要的，
以 5 分为分界线，1—5 分表示由不重要到一般重要，6—10 分表示比
较重要到非常重要。78.4% 的女性受访者的选择在 5 分以上，男性高
于女性 3.6 个百分点；79.3% 的农村受访者的选择在 5 分以上，城市
高于农村 3.2 个百分点。也就是说，男性比女性更认可民主政府的重
要性，城市受访者比农村受访者更认可民主政府的重要性。

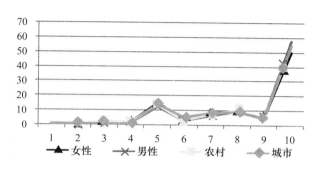

图 7—22　民主政府的重要性评价的性别、城乡差异分布（％、分）

对这个问题看法的年龄分布反映在图 7—23 中，不管在任何一个年龄组，都有超过一半的受访者选择了 10 分。将 6 分到 10 分加总之后可以发现，18—29 岁年龄组选择 6 分到 10 分的占比为 82.9%，30—39 岁为 82.2%，40—49 岁为 80.0%，50—59 岁为 79.2%，60 岁及以上为 76.0%。也就是说，随着年龄的增长，对于民主政府的认可度呈现下降的态势。

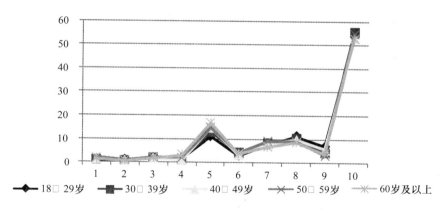

图 7—23　民主政府重要性评价的年龄差异（％、分）

由图 7—24 可以看出对这个问题的看法的受教育程度差异。在任何一个受教育水平上，都有超过一半的受访者选择了 10 分。小学肄业组的受访者中有 76.4% 的人选择在 6 分和 10 分之间，小学毕业组则为 81.9%，初中水平组则为 81.8%，高中水平组为 82.6%，大专及以上组为 82.7%。总体上看，随着受教育水平的提高，对于民主政府重要性的认可度大体呈现出上升的态势。

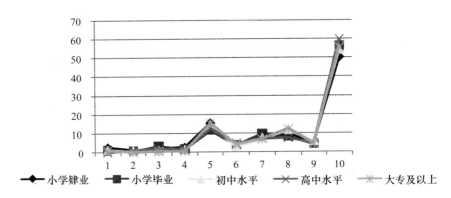

图 7—24 民主政府重要性评价的受教育程度差异（%）

不同族群的受访者对民主政府重要性的看法存在一定差别，图 7—25 反映了这种族群差异。从 6 分到 10 分的占比来看，各个族群按照从高到低的顺序排列为：印度族（87.2%）、其他族群（86.0%）、掸族（85.3%）、克伦族（80.6%）、缅族（79.5%）、孟族（75.0%）、若开族（70.8%）。

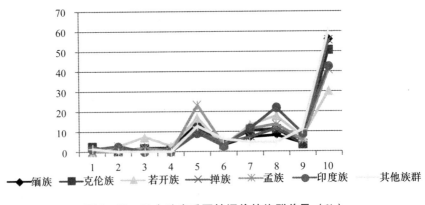

图 7—25 民主政府重要性评价的族群差异（%）

图 7—26（1）和图 7—26（2）展现了对这个问题看法的省邦差异。可以看出，各省邦在 10 分这一选项的分布上，要比前面的按城乡、性别、族群等分布的差异更大。其中，若开邦占比最低，为

24.8%；依洛瓦底省的占比最高，为74.4%，两者之间相差49.6个百分点。不难发现，若开邦因东面被山脉阻挡而与缅甸中部的联系不是很密切，又受到来自西面印度的较大影响，因此对缅甸现行的民主改革没有其他地区族群的敏感度，在一系列问题的看法上与其他族群存在不同程度的差异。从6分到10分的占比来看，德林达依省（96.7%）的占比最高，内比都（64.0%）的占比最低。

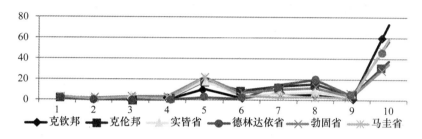

图7—26（1）　民主政府重要性评价的省邦差异（%、分）

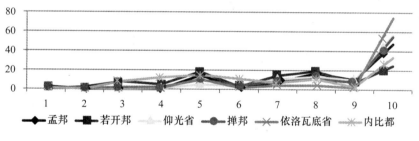

图7—26（2）　民主政府重要性评价的省邦差异（%、分）

六　当前缅甸政府的民主程度

问卷中让民众评价了当前缅甸政府的民主程度，1分表示"非常不民主"，10分表示"非常民主"。在样本量为3000的情况下，最小值为1，最大值为10，均值为4.3。相较于民众对民主政府重要性评价高达8.3的均值，这一对当前缅甸政府的民主程度所做的评估分值还是较低的。

图7—27显示了对这个问题看法的性别和城乡差别。笔者把1—5分划分为"较低程度"，把6—10分划分为"较高程度"。通过计算可知，认为缅甸政府的民主程度较高（6—10分）的女性受访者占

比为 26.1%，高于男性受访者 2.5 个百分点；城乡之间几乎没有差异，选择缅甸政府民主程度较高的农村受访者的占比高于城市受访者 0.1 个百分点。

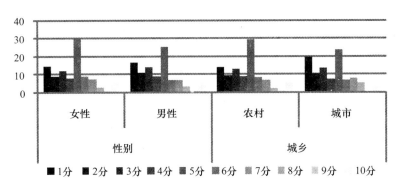

图 7—27　缅甸政府民主程度评价的性别、城乡差异（%）

图 7—28 反映了对这个问题看法的年龄差异。所有年龄组中占比最大的选项均为 5 分，对各年龄组中评价较高程度的占比进行排序如下：40—49 岁（26.3%）、30—39 岁（25.1%）、60 岁及以上（25.0%）、18—29 岁（24.6%）、50—59 岁（22.8%）。总体而言，各个年龄段之间对缅甸政府民主程度的评价差距不大，选择"较高程度"的占比基本在 1/4 左右，且评价为一般或中等（5 分）的人数在各年龄段中都为最多。

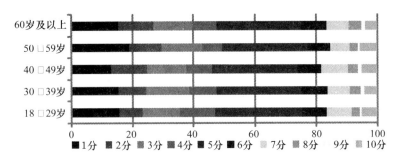

图 7—28　缅甸政府民主程度评价的年龄差异（%）

不同受教育程度在这个问题上的差别反映在图 7—29 中。小学肄

业组的受访者在"较高程度"上的占比为 25.7%，小学毕业组为
27.7%，初中水平组为 24.4%，高中水平组为 21.1%，大专及以上
学历组为 21%。可以发现，随着受教育水平的提高，受访者对于当
前缅甸政府的民主程度的评价大体上呈下降趋势。

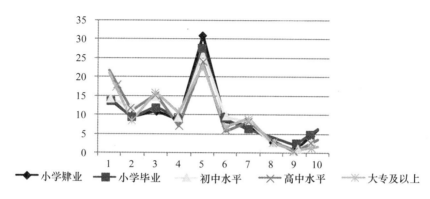

图 7—29　缅甸政府民主程度评价的受教育水平差异（%、分）

　　图 7—30 显示了不同族群在这个问题上的看法，各个族群受访者
对于当前缅甸政府民主程度的评价都较低，相对来说评价较低（1—
5 分）的是印度族、若开族和克伦族，这三个族群中选择较低分值
（1—5 分）的占比分别为 84.6%、84% 和 84%。与此相对，掸族中
认为缅甸政府的民主程度较高的占比最高，为 34%；缅族次之，为
25%；印度族中这一占比最低，为 15.4%。

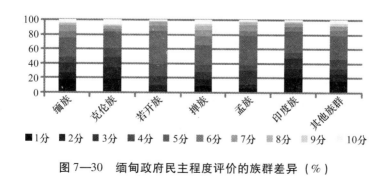

图 7—30　缅甸政府民主程度评价的族群差异（%）

　　不同省邦民众对当前缅甸政府民主程度的评价差别较为明显

（如图7—31所示）。选择"较高程度"的占比中，内比都占比最高，为57.3%，依洛瓦底省占比最低，为5.3%，两者相差高达52个百分点。除了内比都有超过一半的受访者认为缅甸政府的民主程度较高以外，其余省邦大部分受访者的评价都较低。值得关注的是，实皆省、克钦邦和依洛瓦底省认为"根本不民主"的民众最多，占比为所在省邦受访民众的1/3左右。

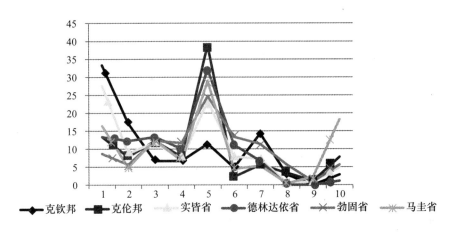

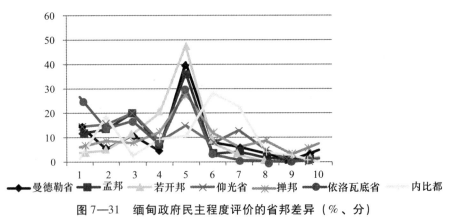

图7—31　缅甸政府民主程度评价的省邦差异（%、分）

七　缅甸民主运作方式

对于缅甸的民主运作方式，大部分受访者表示满意（如图7—32所示），其中农村受访者在"完全满意"这一选项上的占比稍高于城市受访者，这可能是因为缅甸的农村人口多于城市人口，并且农村人口相对贫穷且受教育程度较低，近年来政府更加注重对农民的扶持，导致农村居民对缅甸政府的满意程度较高，因此也就较为认同缅甸政府的民主运作模式。

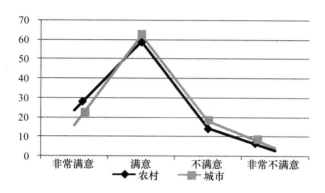

图7—32　对缅甸民主运作方式满意度的城乡差异（%）

　　为了比较各族群对缅甸民主运作方式的认可度，将"非常满意"和"满意"两项占比进行加总后对各族群进行排序，结果如下：若开族（91.2%）、孟族（86.5%）、其他族群（85.9%）、克伦族（83.2%）、缅族（80.7%）、印度族（79.5%）、掸族（79.3%）。让人感到奇怪的是，上文中对于当前缅甸政府的民主程度的评价较低的若开族，对缅甸的民主运作方式感到满意的受访者非常多，超过了91%，并且没有人选择"非常不满意"（如图7—33所示）。

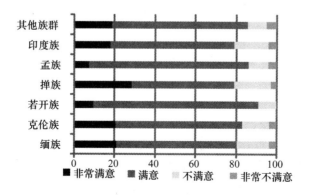

图7—33　对缅甸民主运作方式满意度的族群差异（%）

同时，将"非常满意"与"满意"两项所占百分比进行加总，对各省邦进行排序，结果如下：若开邦（91.4%）、勃固省（89.0%）、仰光省（88.7%）、马圭省（82.7%）、掸邦（81.7%）、内比都（81.3%）、克伦邦（81.1%）、孟邦（79.2%）、实皆省（78.5%）、曼德勒省（78.4%）、德林达依省（75.6%）、克钦邦（72.4%）、依洛瓦底省（71.5%）。总体而言，各省邦对此问题的反馈均较为积极，除了克钦邦和依洛瓦底省之外，"非常满意"和"满意"两项加总的占比都超过了3/4（如图7—34所示）。

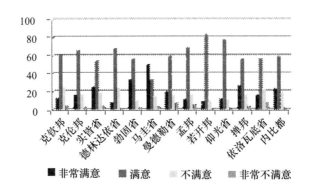

图7—34　对缅甸民主运作方式满意度的省邦差异（%）

八　缅甸的民主质量

问卷中还询问了受访者对于缅甸民主质量的看法。如图7—35所示，城乡受访者中认为缅甸民主但存在缺陷的民众较多，有超过70%的城乡受访者认为缅甸民主但仍有少量或重大的缺陷，同时有超过1/4的受访者认为缅甸"根本不民主"。对于"完全民主"这一选项，农村受访者比城市受访者高出3.2个百分点，而城市受访者在"民主但仍有少量缺陷"和"民主但仍有重大缺陷"这两项上所占比例则相对较高。城市受访者对于问题的评价有所保留，而农村受访者的态度则相对积极一些，这可能是由于城市受访者的受教育程度较高，对于国家治理与民主的相关问题会有更多的考量。

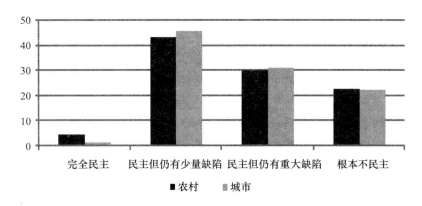

图7—35　对缅甸民主程度评价的城乡差异（%）

各族群对缅甸的民主质量的看法存在较大差异，如图7—36所示，克伦族中选择"根本不民主"的占比最高，达到了30.9%；若开族中认为"根本不民主"的占比达到1/4，且有超过一半的受访者认为缅甸"民主但仍有重大缺陷"；孟族中70.2%的受访者认为缅甸"民主但仍有少量缺陷"，同时认为缅甸"根本不民主"的占比不到1/10。

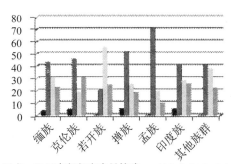

图7—36　对缅甸民主程度评价的族群差异（%）

尽管大部分受访者认为缅甸民主但存在不同程度的缺陷，但省邦之间还是有一定的差异的。其中克钦邦和若开邦的受访者中认为"民主但仍有重大缺陷"和"根本不民主"的受访者合计占比接近90%，德林达依省和仰光省认为缅甸"完全民主"或是"民主但仍有少量缺陷"的受访者较多，合计占比 60% 左右（如图 7—37 所示）。

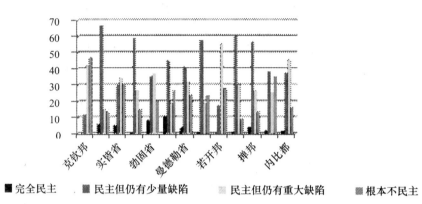

图 7—37　对缅甸民主程度评价的省邦差异（%）

　　通过让受访者对缅甸过去（10 年前）、现在（现政府统治下）和未来（预期）的民主程度进行打分（1 分表示"完全不民主"，10 分表示"完全民主"，1—10 分民主的程度依次提高），结果显示民众对缅甸未来的民主预期较有信心（如图 7—38 所示）。十年前正是军人政权统治时期，接近 2/3 的受访者认为这一时段缅甸"完全不民主"，认为缅甸已经具备不同程度的民主（1—10 分）的受访者合计不超过 10%。对现政府统治下缅甸的民主化程度，绝大多数受访者的选择介于"完全不民主"和"完全民主"之间，总体上有超过 2/3 的受访者认为缅甸现在仍然处于较为不民主的状态（1—5 分）。由于 2015 年缅甸大选的成功举行，缅甸向民主化迈出了一大步，民众因此对国家未来的民主化道路充满了信心，有 45.3% 的受访者认为缅甸未来能够实现"完全民主"，而认为未来缅甸仍然将处于各种程度的不民主阶段（1—5 分）的受访者只占约 1/10。由此看来，多数民众对缅甸未来的民主化道路持积极乐观态度。

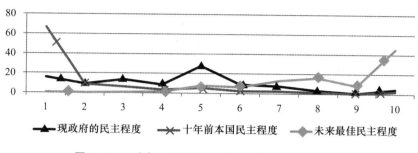

图7—38 过去、现在和未来缅甸的民主程度（%）

第三节 对选举相关法案的态度

一般而言，通过自由、竞争的选举来达到政权转移被认为是民主化的关键标志，而一国宪法中选举相关法案则是前提和基础。2008年5月，缅甸以全民公投通过新宪法。2010年3月，缅甸国家和平与发展委员会颁布大选法和与之相配套的政党组织法，这些法律包括《联邦选举委员会法》《政党注册法》《议会人民院选举法》《议会民族院选举法》和《省邦议会选举法》。新宪法及其配套的法律为缅甸通过选举迈向民主国家奠定了基础，但其中一些条款也引起了较大争议，调查中就最具代表性的两个争议条款询问了民众的态度和看法。

一 "不允许有外国直系亲属的人成为总统"

问卷中询问了受访者对于缅甸宪法中"不允许有外国直系亲属的人成为总统"这条规定的看法。总体上，不同意此规定的受访者占多数，选择"不同意"和"非常不同意"的受访者合计占比60.3%，选择"同意"和"非常同意"的受访者合计占比39.7%，其中选择"非常同意"的占比为18.25%，是四个选项中最低的。

城市和农村受访者中，如图7—39所示，同意这条规定的受访者比不同意这条规定的受访者要分别低17个和21个百分点，城市受访者中选择"非常同意"和"同意"这两个选项的受访者占比相较于农村受访者略高。

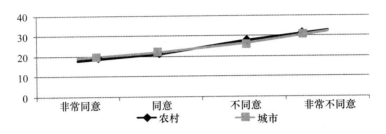

图7—39　对"不允许有外国直系亲属的人成为总统"
规定的城乡态度差异（％）

　　从族群方面来看，如图7—40所示，除了若开族以外，其他族群同意此规定的要比不同意的低10—20个百分点，若开族一枝独秀，同意此规定的受访者甚至超过了80％。作为缅甸主体族群的缅族，选择"非常同意"此规定的比例最大，接近1/5。

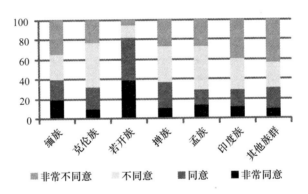

图7—40　对"不允许有外国直系亲属的人成为总统"
规定的族群态度差异（％）

　　从省邦来看，如图7—41所示，若开邦仍然一枝独秀，超过80％的受访者同意此规定。其他省邦中，选择"不同意"和"非常不同意"这一规定的占比合计都达到或超过了一半（最低的勃固省为49.3％），其中克钦邦、马圭省、德林达依省的受访者中仅"非常不同意"一项占比就都超过了一半。

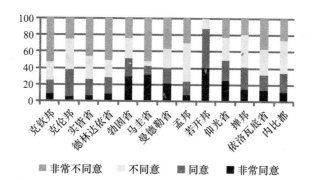

图7—41　对"不允许有外国直系亲属的人成为总统"态度的
省邦差异（％）

二　"上议院和下议院中25％的议会席位可以由未经选举的军方官员获得"

对于是否同意"上议院和下议院中25％的议会席位可以由未经选举的军方官员获得"这个规定，如图7—42所示，受访者之间差异较大。总的来说，同意和不同意此规定的受访者几乎是一半对一半，其中同意此规定的城市受访者要比不同意的低4.2个百分点，同意此规定的农村受访者要比不同意的低8.5个百分点。也就是说，无论是农村还是城市，两种意见基本势均力敌。这说明缅甸民众对于民主和军方（权威）的态度正处在一个过渡的矛盾时期。民主的观念是深入人心的，这体现在其他模块中受访者对民主的积极评价和高期待，但是由于军方长期的统治和其强大的实力留下的影响力，民众中相当一部分人相信一旦国家有难，只有强大的军方能够站出来撑起这个国家的重担也是可以理解的。仅就是否同意"上议院和下议院中25％的议会席位可以由未经选举的军方官员获得"这个规定而言，调查结果显示缅甸城乡受访者的意见是撕裂的，态度是矛盾的。

就族群来看，如图7—43所示，印度族不同意军方自动获得25％的议会席位的受访者最多，达到60.3％；其次是缅族和掸族，都有一半以上的受访者不同意此观点。除这三个民族外，其余各民族均有超过50％的受访者同意此观点。

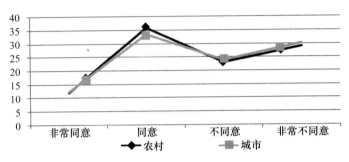

图7—42 对"未经选举的军方官员获得议会席位"态度的城乡差异（%）

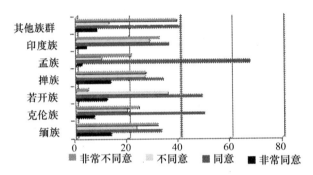

图7—43 对"未经选举的军方官员获得议会席位"态度的族群差异（%）

不同省邦的受访者对此问题也有各自的想法，如图7—44所示，依洛瓦底省的受访者同意军方自动占有25%的议会席位的受访者达到了71.7%；其次，仰光省、若开邦、孟邦、德林达依省和克伦邦都有一半以上的受访者同意军方自动占有25%的议会席位。可见，军方在缅甸仍然拥有不小的势力。

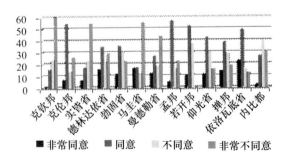

图7—44 对"未经选举的军方官员获得议会席位"态度的省邦差异（%）

三　"地方政府是否应该被更多地授权来管理自己地区的事务"

问卷也询问了是否应该授予地方政府更多权限来管理自己地区事务的问题，总样本中选择"同意"和"非常同意"的受访者合并达到56.6%，另外分别有20.6%和22.8%的受访者表示"不同意"和"非常不同意"这一观点。如图7—45所示，无论城乡，认为应该给予地方政府更多的权力的受访者占比都超过一半，农村受访者中"同意"和"非常同意"两项合并的占比要比城市略高，但同时"非常不同意"此观点的受访者也比城市高。

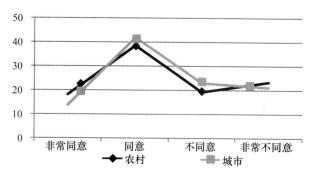

图7—45　对"地方政府被更多授权管理地区事务"的城乡态度差异（%）

从族群的角度进行分析，如图7—46所示，所有族群在"非常同意"和"同意"两项加总后占比都超过了一半，其中克伦族、掸族、孟族和若开族这一占比达到67%以上，印度族和缅族同意此说法的受访者最少，也在50%左右。

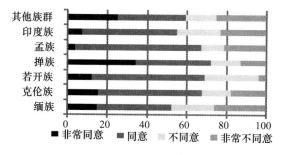

图7—46　对"地方政府被更多授权管理地区事务"的族群态度差异（%）

　　各个省邦对这个问题的看法差异则比较大。如图7—47所示，一些省邦大部分受访者表示赞同，另一些省邦则有多数人不同意此观点。将"非常同意"和"同意"两项进行加总后对各省邦进行排序，依次为：掸邦（82.8%）、若开邦（69.5%）、依洛瓦底省（65.1%）、仰光省（63.8%）、孟邦（63.3%）、克伦邦（61.1%）、勃固省（57.0%）、曼德勒省（45.3%）、实皆省（44.5%）、德林达依省（42.2%）、克钦邦（41.9%）、内比都（32.0%）、马圭省（31.6%）。也就是说，表示同意该规定的占比最高的省邦和占比最低的省邦之间差距超过50个百分点，对这一问题的态度在各省邦间分布很不均匀。这一方面可能是因为缅甸各省邦之间地理条件、资源禀赋以及居民的族群和宗教信仰等差异较大，对同样的问题看法差异较大；另一方面也可能表明缅甸民众对民主化及其相关问题的认识还处于形成阶段，具有过渡时期的一些矛盾性、模糊性特点。

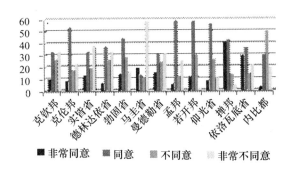

图7—47　对"地方政府应该被更多授权管理地区事务"的省邦态度差异（%）

第四节　民主与民众利益

一　政府对民众诉求的响应

　　问卷中进一步询问受访者认为当前的民选政府多大程度上会响应民众的诉求，问题设置为"你认为这个被选举出来的政府会在多大程度上回应人民的诉求"，总样本中有89.3%的受访者认为政府对民众诉求会有积极回应。其中，由表7—3可知，不管是从什么层面（性别、城乡、省邦等）上来看，80%以上的受访者都认为民选政府会积极回应民众诉求。其中，女性认为会积极回应诉求的占比较男性高，城市占比较农村高，50岁以上占比低于50岁以下占比，克伦邦在所有的省邦中占比最高，依洛瓦底省占比最低。从受教育程度来看，受教育程度越高，认为当前的民选政府会积极回应民众诉求的占比越低。从族群上来看，克伦族认为当前的民选政府会积极回应民众诉求的占比最低，孟族占比最高。

表7—3　　　　缅甸受访者认为政府会积极回应诉求的比例　　　单位:%

		积极回应民意诉求			积极回应民意诉求
性别	女性	90.4	年龄组	18—29 岁	90.0
	男性	88.2		30—39 岁	89.3
城乡	农村	89.0		40—49 岁	90.6
	城市	90.1		50—59 岁	88.2
省邦	克钦邦	88.6		60 岁及以上	88.0
	克伦邦	97.8	受教育程度	小学肄业	90.6
	实皆省	87.3		小学毕业	87.4
	德林达依省	88.9		初中水平	89.4
	勃固省	88.0		高中水平	89.8
	马圭省	84.4		大专及以上	87.8
	曼德勒省	92.3	族群	缅族	89.1
	孟邦	91.7		克伦族	84.6
	若开邦	82.9		若开族	85.8
	仰光省	94.0		掸族	91.4
	掸邦	92.2		孟族	94.2
	依洛瓦底省	82.4		印度族	93.6
	内比都	92.0		其他族群	92.2

二　选举影响政府关注民众所需的程度

同时，问卷中还询问了受访者"进行选举使得政府在多大程度上关注民众所需"，总样本中有 88.6% 的受访者持肯定态度，从表 7—4 中可以看出，不论在任何层面上，大部分的受访者都认为选举使得政府关注民众所需。其中，性别和城乡差异在这个问题上体现得不明显，从年龄上来看，30—39 岁和 50 岁以上年龄组的受访者占比相对较低。从受教育程度上来看，随着受教育程度的提高，认为选举使得政府关注民众所需的占比呈现上升的态势。在省邦中，克钦邦占比最低，仰光省占比最高，最低和最高之间相差了 34.8 个百分点。在族群中，占比最高的为印度族（94.9%），最低为缅族（87.5%）。

表 7—4　　　　选举影响政府关注民众所需的程度的评价　　　单位:%

		关注民众所需			关注民众所需
性别	女性	88.5	年龄组	18—29 岁	90.2
	男性	88.7		30—39 岁	87.7
城乡	农村	88.2		40—49 岁	90.3
	城市	89.4		50—59 岁	86.1
省邦	克钦邦	61.9		60 岁及以上	88.4
	克伦邦	95.6	受教育程度	小学肄业	88.3
	实皆省	72.4		小学毕业	88.1
	德林达依省	88.9		初中水平	87.8
	勃固省	88.3		高中水平	89.8
	马圭省	88.0		大专及以上	90.9
	曼德勒省	91.5	族群	缅族	87.5
	孟邦	95.0		克伦族	90.6
	若开邦	93.3		若开族	94.7
	仰光省	96.7		掸族	89.8
	掸邦	94.2		孟族	94.2
	依洛瓦底省	86.9		印度族	94.9
	内比都	92.0		其他族群	90.6

三　个人权利

关于"在缅甸个人的权利得到了多大程度的尊重"，总样本中有 78.4% 的受访者选择了"非常尊重"和"比较尊重"。从图 7—48 可以看出，受访者不论男女、城乡，回答主要分布在"比较尊重"这一选项上，占到了60%以上。其中，男性受访者在"非常尊重"和"比较尊重"这两项上的占比都略低于女性；农村受访者在"非常尊重"和"比较尊重"这两项上的占比总和要高于城市受访者。

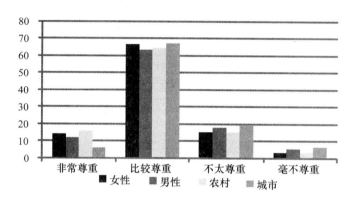

图 7—48　个人权利受到尊重程度的性别、城乡差异（％）

图 7—49 则展示了这个问题的年龄差别。可以看到，各个年龄组中，占比最高的选项还是"比较尊重"，都高达60%以上。在"非常尊重"和"比较尊重"这两项的总和上，各个年龄组的排序依次为：18—29 岁（82.4%）、40—49 岁（80.1%）、50—59 岁（78.0%）、60 岁及以上（75.8%）、30—39 岁（75.5%）。

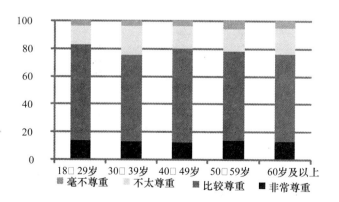

图 7—49　个人权利受到尊重程度的年龄差异（％）

对这个问题的看法在受教育程度上的差别（如图 7—50 所示），总体上看不是很明显。将"非常尊重"和"比较尊重"这两项进行加总，在各个受教育程度上的占比排序分别是：小学肄业组（83.2%）、小学毕业组（81.0%）、初中水平组（75.0%）、高中水平组（72.5%）、大专及以上学历组（71.5%）。可以发现，随着受教育程度的提高，在缅甸个人权利获得比较大尊重的占比呈现递减的态势。

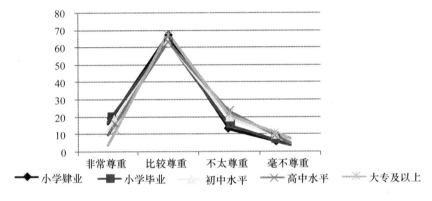

图 7—50   个人权利受到尊重程度的受教育水平差异（%）

图 7—51 显示了各个族群在这个问题上的差别。从"非常尊重"和"比较尊重"这两项的总和占比来看，各个族群的排序依次为：孟族（92.3%）、若开族（92.0%）、掸族（83.7%）、克伦族

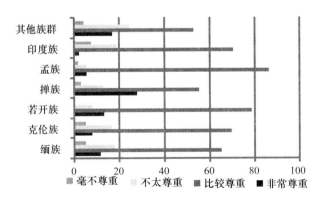

图 7—51   个人权利受到尊重程度的族群差异（%）

（77.9%）、缅族（76.9%）、印度族（73.1%）、其他族群（70.3%）。可以看出，整体上各个族群对在国内个人权利受尊重都持积极态度，但是族群之间在认可程度上还是有较大的差距。

图7—52显示了各个省邦对于这个问题的看法的差别。将"非常尊重"和"比较尊重"这两项进行加总之后得到：孟邦（90.83%）、若开邦（90.5%）、克伦邦（88.9%）、仰光省（86.4%）、勃固省（85.0%）、德林达依省（81.1%）、掸邦（80.8%）、内比都（80.0%）、马圭省（78.7%）、实皆省（74.9%）、依洛瓦底省（68.5%）、曼德勒省（67.5%）、克钦邦（61.9%）。

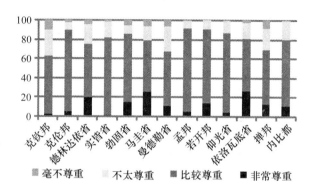

图7—52 个人权利受到尊重程度的省邦差异（%）

四 立法机构对领导人的监督

作为民主的重要标志，立法机构的作用非同一般。缅甸城乡民众对于立法机构对政府领导人的监督作用总体上持乐观的态度，总样本中有63.7%的受访者认为立法机构"很有能力"和"有能力"发挥监督作用。如图7—53所示，无论城乡，相信立法机关有能力发挥监督政府领导人的作用的占比都超过60%，农村受访者中这一占比高出城市受访者3.1个百分点。

各个族群对此问题的看法则不尽相同。如图7—54所示，掸族（73.2%）、缅族（64.3%）、克伦族（61.1%）、其他族群（56.3%）中认为立法机关有能力监督政府领导人的受访者占比较高，而其他族群中持肯定态度的受访者则不到一半。

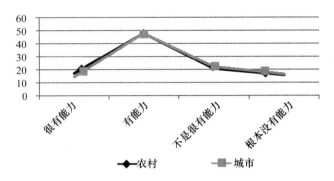

图7—53 立法机构对政府领导人监督能力评价的城乡差异（％）

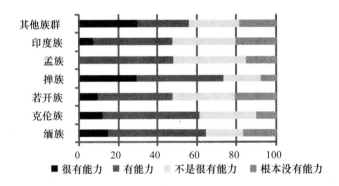

图7—54 立法机构对政府领导人监督能力评价的族群差异（％）

在各省邦中，如图7—55所示，仰光省的受访者对立法机关的能力最有信心，有81.3％的受访者认为立法机关有能力监督政府领导

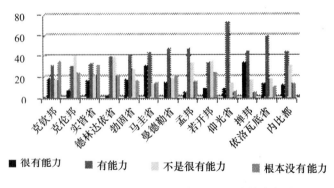

图7—55 立法机构对政府领导人监督能力评价的省邦差异（％）

人。掸邦有78.1%的受访者认为立法机关有能力监督政府领导人，其中接近1/3的受访者认为立法机关"很有能力"。克伦邦和德林达依省的受访者对立法机关监督政府的能力则不那么乐观，分别只有36.7%和40.0%的受访者认为立法机关有能力监督政府。

第 八 章

治理与参与

本章主要关注缅甸民众对政府治理的一般态度和参与意识，主要内容包括受访者对政府系统及其效能、个体利益表达和政治参与、官员腐败等的感受和评价。

第一节　政府系统和政府能力

一　对政府系统的一般看法

政府是国家权力机关的执行机关，是国家行政机关，是国家公共行政权力的象征、承载体和实际行为体。问卷调查了缅甸民众对政府系统的四个方面内容的感受和评价，即"政府系统已经有能力解决国家面临的问题""总的来说我对本国政府体制很自豪""目前的体制即使出现问题也应该支持""相比较而言我更愿意生活在我们的体制下"。

从图8—1中可以看出，有68.5%的受访者不同意"政府系统已经有能力解决国家面临的问题"，只有31.5%的受访者持肯定态度；有72.2%的受访者不同意"总的来说我对本国政府体制很自豪"，只有27.8%的受访者持同意态度；有67.9%的受访者不同意"目前的体制即使出现问题也应该支持"，只有32.1%的受访者持同意态度。对"相比较而言我更愿意生活在我们的体制下"，表示同意和不同意的受访者各占一半。

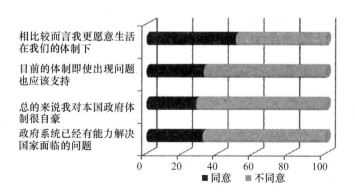

图 8—1　对国家系统解决问题能力的评价（％）

从以上数据可以看到，前三个问题中持不同意态度的受访者占比远远超过持同意态度的受访者，只有在最后一个问题上两者持平。由此看来，缅甸民众对本国现行的政府系统及其效能并不满意。

二　政府能力

问卷也询问了对未来政府能力的看法，具体问题为"政府在多大程度上可能解决您认为未来五年中最重要的问题"。从总样本来看，有高达91.1%的受访者对此持肯定态度。如果分别从性别、城乡、年龄、受教育程度、族群和省邦层面看，对此问题的态度分布也较为趋同。

从表8—1中不难看出，受访者在性别、城乡、年龄变量上，表示政府"有可能"解决（受访者认为的）未来五年中最重要的问题的比例都高达90%。从族群上看，表示"有可能"的比例，除若开族外都高于90%，孟族的比例最高，为98.1%；即便是比例最低的若开族，也高达84.1%。从省邦上看，除勃固省（88.3%）、马圭省（85.8%）、若开邦（81.9%）外，其他诸省邦表示"有可能"的比例皆高于90%。分析以上数据可以发现，缅甸民众对于未来政府能力具有相当的信心，这与对一般政府系统的消极态度，特别是前述有68.5%的受访者不同意"政府系统已经有能力解决国家面临的问题"形成强烈对比。考虑到问卷调查是在2015年大选结束不久、新政府履职之前进行的，这种对未来政府的积极态度和对现行政府及其体制的消极态度的对比就更为强烈了。另外，数据也显示出对未来政府能力的评价无论是若开族还是若开邦都相对偏低，这可能是因为该区域长期面临诸如宗教族群冲突等较为棘手的问题。

表8—1　　　　　　　　　对政府能力的评价　　　　　　　单位：%

		有可能			有可能
性别	女性	91.9	年龄组	18—29 岁	90.7
	男性	90.3		30—39 岁	90.7
城乡	农村	91.1		40—49 岁	92.7
	城市	91.2		50—59 岁	91.2
省邦	克钦邦	91.4		60 岁及以上	89.8
	克伦邦	94.4	受教育程度	小学肄业	93.1
	实皆省	91.2		小学毕业	90.6
	德林达依省	96.7		初中水平	90.6
	勃固省	88.3		高中水平	90.6
	马圭省	85.8		大专及以上	87.1
	曼德勒省	90.1	族群	缅族	90.8
	孟邦	94.2		克伦族	92.0
	若开邦	81.9		若开族	84.1
	仰光省	95.8		掸族	92.0
	掸邦	91.1		孟族	98.1
	依洛瓦底省	90.7		印度族	97.4
	内比都	93.3		其他族群	93.8

第二节　利益表达和政治参与

公民普遍的制度化政治参与是民主政治的重要内容和显著特征，对于刚刚开启民主化进程的缅甸来说，完善利益表达机制，提高公民政治参与的制度化水平，可能会是未来相当长一个时期内的重要任务。

一　利益表达

利益表达是一定主体与政权机构之间的政治互动行为，主要是指各个社会阶层的人，通过一定的渠道和方式向政府、执政党和社会各级组织机构表达自身利益诉求，以求影响政治系统公共政策输出的过程。它既是主体实现利益保护、权利维护、政治地位提高的必要环节，也是政治系统稳定运行的重要保证。问卷主要是通过对受访者询问"在你的邻居或社区中，人们在地方事务中是否表达他们的利益与所关注的事"，以期初步测量当前缅甸个体的一般利益表达水平或意愿。总样本中对这一问题的回答分布非常分散，每一个选项的占比都超过 20.0%。如果将回答"大多数的人"和"相当多的人"合并，占比达到 48.5%，回答"有些人"和"很少有人"这一选项的占比分别是 29.5% 和 22.0%。

先从城乡的差别来考察利益表达的不同，如图 8—2 所示，与总样本分布相似，在问及周围的人是否在地方事务中表达自身利益时，四种回答都占有一定的比例。如果对城乡回答"大多数的人"与"相当多的人"的比例分别进行合并加总，则城市民众占比（52.8%）超过农村民众（46.7%）；同时回答"很少有人"的城市民众占比（17.7%）也低于农村民众（23.8%），只有在"有些人"的选项上城市民众和乡村民众的占比几乎相同。也就是说，相较于农村民众，城市民众可能在地方事务中有更高的利益表达的积极性。

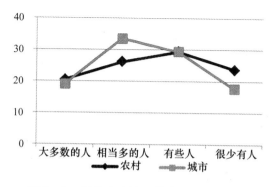

图 8—2　利益表达情况的城乡差别（%）

图8—3主要是从族群的角度对利益表达进行考察。从图8—3中可以看到，表示"大多数的人"或"相当多的人"的占比超过一半的有若开族、其他族群、克伦族和孟族，分别为66.4%、56.3%、55.7%和54.8%。其中若开族这两项占比最高，仅表示"相当多的人"的占比就达42.5%，也是所有族群中该选项占比最高的。而掸族表示"大多数的人"或"相当多的人"的比例最低，仅为35.9%，但掸族中表示"有些人"的占比最高，为42.3%。需要注意的是，印度族中表示"很少有人"的占比在所有族群中最高（37.2%），而且该选项也是印度族受访者中回答率占比最高的。

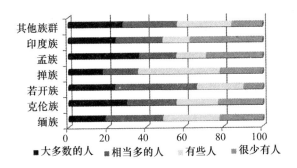

图8—3　利益表达情况的族群差异（%）

图8—4主要是从省邦角度对利益表达在不同区域的差别进行测量。其中，表示"相当多的人"或"大多数的人"的比例超过60.0%的有德林达依省、仰光省、若开邦、依洛瓦底省，分别为60.0%、62.9%、66.7%、69.9%；而克钦邦和内比都表示"相当多的人"或"大多数的人"的比例分别仅为21.0%、25.3%，克钦邦的比例是所有省邦中最低的。对比各省邦，最明显的是仰光省受访者在参与地方事务中表示"相当多的人"的比例高达54.4%，克钦邦表示"有些人"的占比最高，为56.2%。勃固省表示"很少有人"的比例最高，为36.7%。

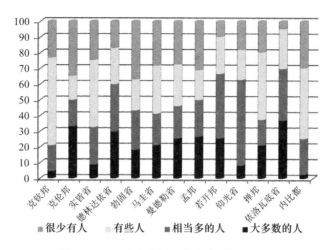

图8—4 利益表达情况的省邦差异（%）

二 政治参与

问卷调查了受访者在过去一年里参加各种政治活动的次数，主要包括以下政治活动：签署请愿书、加入联合抵制行动、参加和平的游行示威行动、参加罢工行动以及其他形式的抗议行动。

从表8—2中可以看到，受访者回答"从没"参加过签署请愿书、加入联合抵制行动、参加和平游行示威行动、参加罢工行动、其他形式的抗议行动这五项活动的比例分别是97.6%、99.0%、98.2%、98.9%、98.6%。也就是说，"从没"参加过这五项活动的占比全部都高于97.0%。相应的，受访者在回答参加过"一次""两次""三次"及"三次以上"这五项活动时，除了在回答参加过"一次"签署请愿书这项活动时的比例为1.3%外，其余选项比例皆低于1%。也就是说，绝大多数受访者几乎没参加过任何以上类型的政治活动。

表8—2 　　　　　　　　政治活动参与情况　　　　　　单位：%

	从没	一次	二次	三次	三次以上
签署请愿书	97.6	1.3	0.5	0.3	0.2
加入联合抵制行动	99.0	0.4	0.3	0	0.2
参加和平游行示威行动	98.2	0.9	0.4	0.3	0.2
参加罢工行动	98.9	0.5	0.2	0.2	0.2

	从没	一次	二次	三次	三次以上
其他形式的抗议行动	98.6	0.5	0.4	0.2	0.3

第三节　腐败问题

　　政治腐败存在于很多国家和地区。从腐败发生的国别普遍性上说，腐败的范围并不必然体现政治制度的差异，而更多地体现各国对腐败的管控水平，反映了各国政府管理的科学化和有效性。腐败不仅是一种客观现象，在很大程度上还反映了人们对所生活的社会的主观印象和看法，而且民众对腐败的主观感受往往具有强大的现实影响力。

一　地方政府腐败问题

　　总样本中选择"几乎没有"和"没有太多"这两项答案的受访者相加达到69.5%，回答"大多数"和"几乎所有"两项的受访者分别占19.4%和11.2%。图8—5主要是从城乡两个方面来考察受访者对本地政府官员腐败程度的看法。其中，表示"几乎没有"的，农村受访者占34.9%，城市受访者占18.1%；表示"没有太多"的，农村受访者占37.8%，城市受访者占43.5%；两者相加农村受访者占72.7%，城市受访者占61.6%，农村受访者占比高于城市受访者。回答"大多数"和"几乎所有"两项的，农村受访者占比分别是17.5%和9.8%，城市受访者占比分别是24%和14.5%；两者相加，农村受访者占27.3%，城市受访者占38.5%，城市受访者的占比超过农村受访者。总体来说，城乡受访者认为在地方层面上没有太多官员腐败，并且农村受访者感知的官员腐败范围比城市受访者低。

　　图8—6主要是考察不同族群对地方政府官员腐败的看法。对各族群中回答"几乎没有"或"没有太多"的占比由高到低进行排序依次是：若开族（92%）、孟族（80.8%）、印度族（74.4%）、掸族（72.7%）、缅族（67.8%）、克伦族（67.8%）、其他族群

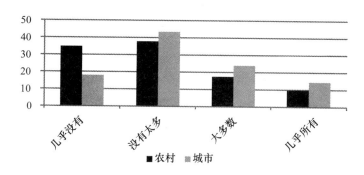

图8—5　对地方官员腐败情况看法的城乡差异（％）

（56.3％）；对各族群中回答"大多数"或"几乎所有"的占比由高到低进行排序依次是：其他族群（43.7％）、缅族（32.2％）、克伦族（32.2％）、掸族（27.3％）、印度族（25.6％）、孟族（19.2％）、若开族（8.0％）。即各族群中回答"几乎没有"和"没有太多"选项相加的占比远远超过回答"大多数"与"几乎所有"相加的占比，所有族群中认为"几乎没有"或"没有太多"地方官员腐败的占比都超过一半，其中若开族中这一比例最大。从整体上来说，各族群对地方政府官员的印象还是不错的。

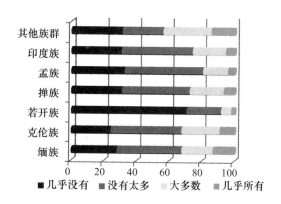

图8—6　对地方官员腐败看法的族群差异（％）

图8—7主要是考察各省邦对地方官员腐败的不同看法。将各省邦表示"几乎没有"或"没有太多"的占比加总，排序如下：若开邦（96.2％）、孟邦（81.7％）、德林达依省（77.8％）、内比都

（77.3%）、克伦邦（76.7%）、仰光（76.4%）、掸邦（71.7%）、依洛瓦底省（69.6%）、勃固省（67.0%）、曼德勒省（65.3%）、马圭省（63.1%）、实皆省（57.9%）、克钦邦（43.8%）。也就是说，表示"几乎没有"或"没有太多"的占比只有克钦邦低于一半，其他诸省邦的占比都超过50.0%。回答"几乎所有"官员都贪腐的比例克钦邦最高，为30.5%；若开邦最低，为1.9%。回答"大多数"官员贪腐的比例同样是克钦邦最高，为25.71%，若开邦最低，为1.9%。

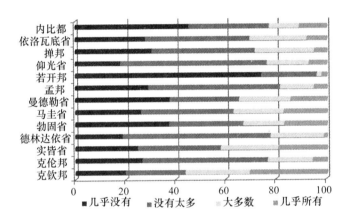

图8—7　对地方官员腐败看法的省邦差异（%）

二　中央政府腐败问题

问卷同样询问了受访者对中央政府官员腐败程度的看法。总样本中选择"几乎没有"和"没有太多"这两项答案的受访者相加达到44.4%，回答"大多数"和"几乎所有"两项的受访者分别占39%和16.6%。城乡受访者的回答主要集中在"没有太多"和"大多数"上。农村受访者中表示"没有太多"的比例为37.4%，城市受访者为33.5%；表示"大多数"的农村受访者比例为37.8%，城市受访者为41.8%。虽然内部具有一定程度的分化，但整体上来说，城乡受访者认为中央政府官员贪腐的占比较认为地方官员贪腐的多。表示"几乎所有"或"大多数"的，城市占61.6%，农村占53.1%。表示"几乎没有"的农村受访者比城市受访者高4.5个百分点；表示"几乎所有"或"大多数"的城市受访者比农村受访者高8.5个百分点，说明城市受访者比农村受访者认为中央政府官员的腐败程度更严重（如图8—8所示）。

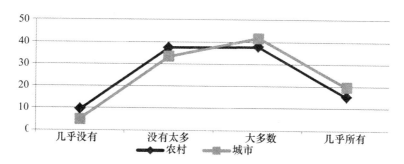

图8—8 对中央政府官员腐败程度看法的城乡差异（%）

和城乡比例分布一样，各族群对中央政府官员的贪腐看法也是集中在"没有太多"和"大多数"上，但在整体上各族群之间具有一定的差别。回答"几乎没有"或"没有太多"的，孟族为57.7%、克伦族为53.7%、掸族为48.6%、若开族为42.5%、印度族为42.3%、缅族为43.0%、其他族群为40.6%。回答"大多数"或"几乎所有"的，其他族群为59.4%、印度族为57.7%、若开族为57.5%、缅族为56.9%、掸族为51.4%、克伦族为46.3%、孟族为42.3%。可见除克伦族和孟族外，其余族群认为中央政府"大多数"或"几乎所有"的占比都超过一半。

认为中央政府官员贪腐程度最高的是其他族群，其中表示"大多数"的比例为42.2%，表示"几乎所有"的比例为17.2%，相加为59.4%。其次是印度族、若开族和缅族，分别为57.7%、57.5%、56.9%，表示"大多数"的分别为46.2%、53.1%、37.5%，表示"几乎所有"的分别为11.5%、4.4%、19.4%。再次是掸族，为51.4%。而克伦族和孟族认为很少有中央政府官员贪腐，表示"几乎没有"的比例分别为8.7%、7.7%；表示"没有太多"的比例分别为44.9%、50.0%；两者相加分别为53.6%、57.7%（如图8—9所示）。

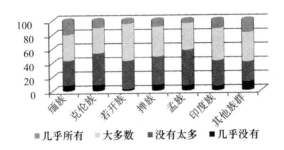

图8—9 对中央政府腐败程度看法的族群差异（%）

如图8—10所示，从省邦的角度看中央政府官员贪腐的范围具有明显的变化。克钦邦表示"大多数"或"几乎所有"的比例最高，为91.4%；克伦邦的比例最低，为41.1%；两者相差50.3个百分点。认为中央政府官员贪腐范围较广的，有克钦邦、实皆省、勃固省、德林达依省、若开邦、马圭省。认为"大多数"占比超过半数的有克钦邦（57.1%）、实皆省（51.2%）、德林达依省（53.3%）、若开邦（52.4%）。认为中央政府官员贪腐范围较小的有克伦邦、孟邦、掸邦和依洛瓦底省。而曼德勒省、仰光省和内比都对于中央政府官员贪腐的范围评价不具有明显的倾向。

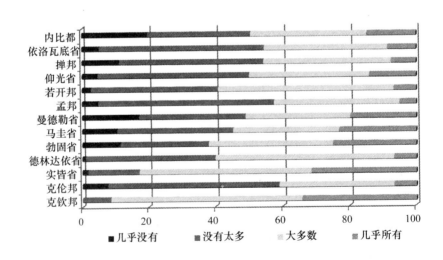

图8—10 对中央政府腐败程度看法的省邦差异（%）

总体而言，数据显示对腐败问题，民众感受到的地方层面的官员腐败范围较小，总样本中选择"几乎没有"和"没有太多"这两项答案的受访者相加达到69.5%。与此相对应，对中央政府官员腐败的反馈较为负面，总样本中选择"几乎没有"和"没有太多"这两项答案的受访者相加达到44.4%，回答"大多数"和"几乎所有"两项的受访者分别达到39.0%和16.6%。

三　反腐

关于政府目前打击腐败的努力程度，总样本中选择"正在尽最大努力"和"正在做很大努力"的占比为64.3%。从图8—11中可以看出，无论是农村受访者还是城市受访者都认为政府在努力地打击腐败。表示"正在做很大努力"的，农村受访者占48.3%，城市受访者占54.6%；表示"正在尽最大努力"的，农村受访者占16.1%，城市受访者占9.5%；两者相加，农村受访者占64.4%，城市受访者占64.1%。而表示"没有做太多的努力"或"毫无作为"的，农村受访者占35.6%，城市受访者占35.9%。

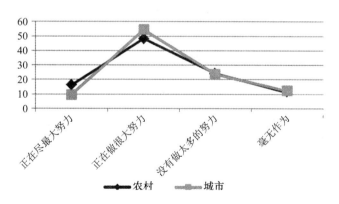

图8—11　政府打击腐败现状评价的城乡差异（%）

从族群来看，表示"正在尽最大努力"或"正在做很大努力"的，缅族为63.8%、克伦族为66.4%、若开族为77.0%、掸族为64.4%、孟族为78.8%、印度族为57.7%、其他族群为51.6%。表示"没有做太多的努力"或"毫无作为"的，缅族为36.2%、克伦族为33.6%、若开族为23.0%、掸族为35.6%、孟族为21.2%、印度族为42.3%、其他族群为48.4%。

可见各族群也都认为政府在努力打击腐败,表示"正在尽最大努力"或"正在做很大努力"的比例皆超过半数。其中孟族的比例最高,为78.8%;其他族群的比例最低,为51.6%。表示"正在做很大努力"的,孟族最高,为76.9%;表示"正在尽最大努力"的,若开族最高,为26.6%(如图8—12所示)。

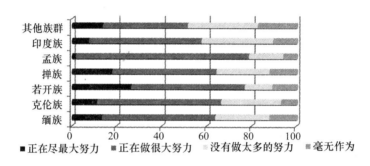

图8—12　政府打击腐败现状评价的族群差异(%)

在省邦中,除克钦邦和实皆省外,其他省邦表示"正在尽最大努力"或"正在做很大努力"的比例皆超过半数。仰光省最高(84.4%),克钦邦最低(21.0%),两者相差63.4个百分点。若开邦表示"正在尽最大努力"的比例最高,为28.6%。表示"正在做很大努力"的比例超过70%的有两个省邦,其中孟邦占72.5%,仰光省占73.3%。克钦邦表示"没有做太多的努力"的比例最高,为51.4%;同时表示"没有做太多的努力"或"毫无作为"的比例也最高,为79.0%(如图8—13所示)。

四　商业腐败

对商业腐败的程度,问卷中让受访者在1—10的范围内选择,数字越大则感知的腐败范围越广。在数据分析中将尺度1—4加总为"较低范围",5为"一般范围",6—10为"较高范围"。

从城乡来看,农村受访者中反馈在"较低范围"的占比为

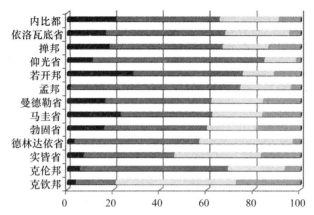

图8—13 政府打击腐败现状评价的省邦差异（%）

19.3%，城市受访者为9.8%；回答"一般范围"的，农村受访者为26.6%，城市受访者为20.7%；回答"较高范围"的，农村受访者为54.2%，城市受访者为69.5%。可见城乡受访者认为商业领域具有相当程度的广泛腐败。回答"5"以上的，农村受访者占54.2%，城市受访者占69.5%。城市比农村高15.3个百分点（如图8—14所示）。说明城市受访者比农村受访者认为商业腐败更广泛，这可能与城市商业活动比农村活跃有关。

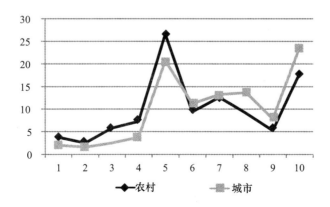

图8—14 商业腐败程度评价的城乡差异（%）

从族群上看，回答"较低范围"的，缅族为 15.6%、克伦族为 15.4%、若开族为 17.7%、掸族为 21.6%、孟族为 11.5%、印度族 为 20.5%、其他族群为 17.2%。回答"一般范围"的，缅族为 24.6%、克伦族为 23.5%、若开族为 28.3%、掸族为 24.6%、孟族 为 38.5%、印度族为 19.2%、其他族群为 28.1%。回答"较高范 围"的，缅族为 59.9%、克伦族为 61.1%、若开族为 54.0%、掸族 为 53.9%、孟族为 50.0%、印度族为 60.3%、其他族群为 54.7%。

各族群受访者回答"较高范围"的比例都超出半数，克伦族最 高（61.1%），孟族最低（50.0%），两者相差 11.1 个百分点，说明 大多数受访者都认为商业腐败存在的范围较广。回答"一般范围" 的比例为 20%—40%，最高是孟族（38.5%），最低的是印度族 （19.2%），两者相差 19.3 个百分点。回答"较低范围"的比例为 15%—25%，各族群相差较小（如图 8—15 所示）。

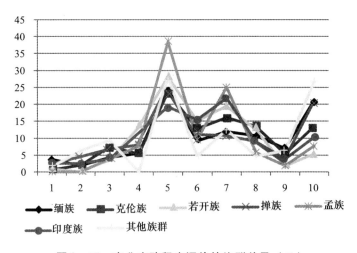

图8—15 商业腐败程度评价的族群差异（%）

从省邦来看，受访者的回答主要是分布在"较高范围"上，说 明商业领域的腐败范围较广。其中仰光省表示"较高范围"的比例 最高，为 86.7%；内比都的比例最低，为 44%；它们相差 42.7 个百 分点。而在回答"较低范围"上，内比都的比例最高，为 38.7%。 回答"一般范围"的，克钦邦为 17.1%、克伦邦为 27.8%、实皆省为 22.1%、德林达依省为 22.2%、勃固省为 27.0%、马圭省为 29.3%、曼德勒省为 30.9%、孟邦为 44.2%、若开邦为 30.5%、仰光省为 8.0%、掸邦为 25.0%、依洛瓦底省为 32.5%、内比都为 17.3%（如图 8—16 所示）。

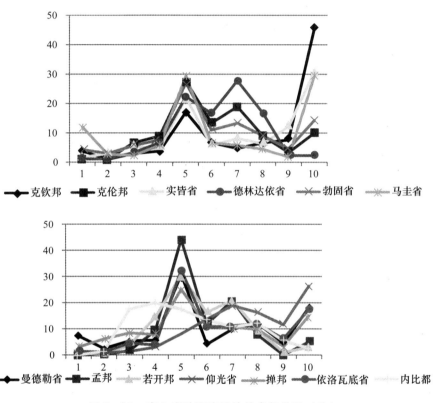

图 8—16　商业腐败程度评价的省邦差异（%）

五　腐败问题改善程度

对未来腐败问题得到了多大程度的改善，有 41.3% 的受访者认为没有改变，有 41.0% 的受访者认为腐败程度"更低"了，另有 17.7% 的受访者认为腐败程度"更高"了。

从城乡来看，表示"更低"的，农村为 42.2%，城市为 38%；表示"相同"的，农村为 41.1%，城市为 41.8%；表示"更高"的，农村为 16.7%，城市为 20.2%。在农村，表示"更低"的比例比表示"更高"的高25.5%；在城市，表示"更低"的比例比表示"更高"的高17.8%。农村受访者回答"更低"的比城市受访者高4.2%；回答"更高"的比城市受访者低3.5%（如图8—17所示）。可见无论是城市还是乡村，腐败程度和五年前相比都有所缓解，并且农村受访者比城市受访者认为腐败缓解的程度要高。

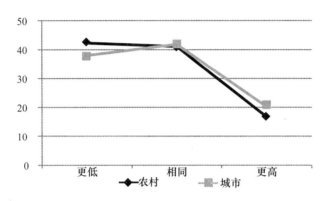

图8—17　腐败问题改善程度评价的城乡差异（%）

从族群上来看，受访者回答"更低"的，缅族为42.3%、克伦族为32.9%、若开族为52.2%、掸族为36.2%、孟族为34.6%、印度族为34.6%、其他族群为36.0%。受访者回答"相同"的，缅族为39.8%、克伦族为49.7%、若开族为35.4%、掸族为45.9%、孟族为48.1%、印度族为51.3%、其他族群为39.1%。受访者回答"更高"的，缅族为17.9%、克伦族为17.5%、若开族为12.4%、掸族为18.0%、孟族为17.3%、印度族为14.1%、其他族群为25.0%。

各族群受访者同样认为现在和以前相比，腐败水平是有所下降的。就下降程度来说，若开族感知的变化最大，其次是缅族。若开族表示"更低"的为52.2%，表示"更高"的为12.4%，两者相差39.8个百分点。缅族表示"更低"的为42.3%，表示"更高"的为17.9%，两者相差24.4个百分点。需要注意的是，其他族群受访者回答"更高"的比例最高，为25.0%（如图8—18所示）。

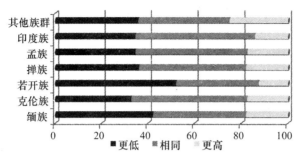

图 8—18　腐败问题改善程度的族群差异（%）

从省邦来看，受访者回答"更低"的，克钦邦为 24.8% 、克伦邦为 32.2% 、实皆省为 25.5% 、德林达依省为 41.1% 、勃固省为 45.7% 、马圭省为 50.2% 、曼德勒省为 41.6% 、孟邦为 37.5% 、若开邦为 51.4% 、仰光省为 47.6% 、掸邦为 38.6% 、依洛瓦底省为 43.5% 、内比都为 42.7% 。

感知到腐败程度变化最大的是若开邦，表示"更低"的为 51.4% ，表示"更高"的为 11.4% ，两者相差 40 个百分点。其次是仰光省，表示"更低"的为 47.6% ，表示"更高"的为 8.9% ，两者相差 38.7 个百分点。超过半数受访者表示"更低"的有马圭省和若开邦，其比例分别为 50.2% 、51.4% 。认为腐败程度变化最小的是克钦邦和实皆省，且回答"更高"的比例高于回答"更低"的比例，其中克钦邦高 4.8 个百分点，实皆省高 3 个百分点（如图 8—19 所示）。

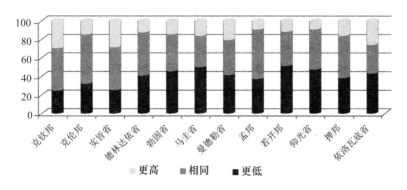

图 8—19　腐败问题改善程度的省邦差异（%）

六　打击腐败力度

问卷也询问了受访者对政府打击腐败问题所做的努力的评价，具体问题为"您认为您的国家政府是否在尽力打击腐败"，总体上看，受访者中大部分人认为政府做了不少努力，但还应该加强作为。总样本中，选择"在努力，但可以做得更多"的比例为61.2%，选择"做得足够多了"和"做得不够"的比例分别是7.5%和31.3%。

农村受访者表示"做得足够多了"的比例为8.8%，表示"在努力，但可以做得更多"的比例为59.6%，表示"做得不够"的比例为31.7%。城市受访者表示"做得足够多了"的比例为4.5%，表示"在努力，但可以做得更多"的比例为65.1%，表示"做得不够"的比例为30.4%。可见城乡受访者的回答主要集中在第二项，都超过半数，并且城市高于农村5.5个百分点。在第一项回答上，农村比城市高4.3个百分点；在第三项回答上，农村略高于城市1.3个百分点（如图8—20所示）。

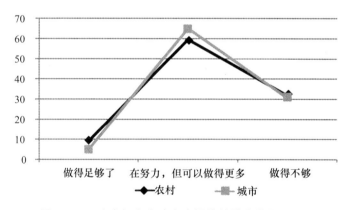

图8—20　政府打击腐败力度评价的城乡差异（%）

各族群受访者中大部分人认为政府是在努力打击腐败的，但是做得还不够。表示"在努力，但可以做得更多"的，各族群都超过了半数的比例。其中，孟族的比例最高，达80.8%；若开族的比例最低，为57.5%，两者相差23.3个百分点。表示"做得不够"的，其他族群最高，为34.4%；孟族最低，为15.4%，两者相差19个百分点。可见族群差异是影响缅甸民众对政府打击腐败力度看法的重要因素（如图8—21所示）。

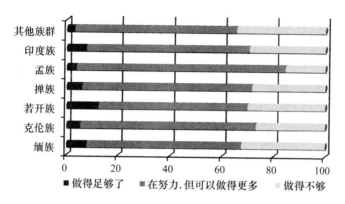

图8—21 政府打击腐败力度评价的族群差异（%）

各省邦在政府是否在努力打击腐败上有较明显的变化。表示"做得不够"的，克钦邦和实皆省都超过50%，分别为52.4%、50.3%。最高的克钦邦和最低的仰光省相差37.5个百分点。表示"在努力，但可以做得更多"的，最高的孟邦和最低的克钦邦相差36.8个百分点。表示"做得足够多了"，最高的内比都和最低的德林达依省相差17.6个百分点（如图8—22所示）。

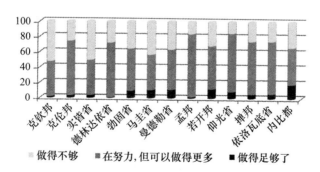

图8—22 政府打击腐败力度评价的省邦差异（%）

七 附庸型关系

问卷还询问了被访者"有时人们贿赂或赠予礼物是为了解决他

们的问题或接受服务，但这本应该是免费的。在过去的 12 个月中，您多久会亲自面对这种情况"。绝大多数受访者都没有此类经历，总样本中选择"从未/非常少"的占比是 74.4%，表示"很少"的占比是 17.7%。

从城乡来看，表示"从未/非常少"的，农村为 78.5%，城市为62.6%；表示"很少"的，农村为 14.3%，城市为 25.8%；两者相加，农村为 91.8%，城市为 88.4%。表示"经常"的，农村为6.2%，城市为 7.3%；表示"非常频繁"的，农村为 1.0%，城市为 2.3%；两者相加，农村为 7.2%，城市为 9.6%。可以发现缅甸城乡居民很少有需要通过行贿来解决问题的（如图 8—23 所示）。

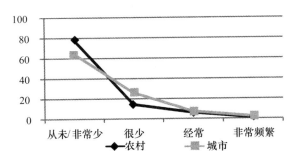

图 8—23　贿赂或赠予情况的城乡差异（%）

从族群上来说，表示"从未/非常少"或"很少"的都在 80% 以上，缅族为 92%、克伦族为 89.3%、若开族为 93.8%、掸族为94.8%、孟族为 88.5%、印度族为 89.7%、其他族群为 89.1%。从高到低依次为掸族、若开族、缅族、印度族、克伦族、其他族群、孟族。最高的掸族与最低的孟族相差 6.3%。各族群表示"从未/非常少"的比例都在 60% 以上，其中掸族最高，为 84%；其次为若开族，达 80.5%。表示"经常"的比例只有克伦族和孟族超过 10%，分别为 10.7% 和 11.5%。表示"非常频繁"的，克伦族和孟族的比例都为 0（如图 8—24 所示）。

从省邦上来说，表示"从未/非常少"或"很少"的，克钦邦为87.6%、克伦邦为 94.4%、实皆省为 92.1%、德林达依省为

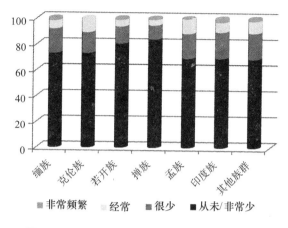

图 8—24　行贿或赠予情况的族群差异（%）

92.2%、勃固省为 93.0%、马圭省为 92.9%、曼德勒省为 86.4%、孟邦为 87.5%、若开邦为 96.2%、仰光省为 96.0%、掸邦为 93.6%、依洛瓦底省为 89.9%、内比都为 100%。最高的内比都与最低的曼德勒省相差 13.6 个百分点。除曼德勒省和孟邦外，其他诸省邦在表示"从未/非常少"或"很少"的比例都超过 90%。其中内比的比例为 100%，其中表示"从未/非常少"的受访者比例也最高，为 92%。表示"经常"面对此类问题的受访者，孟邦最高（11.7%）；其次为克钦邦（11.4%）。选择"非常频繁"的占比最高的是曼德勒省（5.9%）（如图 8—25 所示）。总体来看，各省邦中受访者认为需要通过行贿来解决问题的情况都比较少。

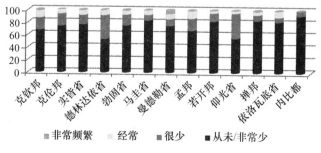

图 8—25　行贿或赠予情况的省邦差异（%）

第 九 章

国际关系

　　缅甸在经历了 2010 年选举以来，其走向越发显得扑朔迷离；与此同时，缅甸重要的战略地位也使缅甸成为美、中、日、印等大国在亚洲争夺的新战场。了解缅甸民众对各大国及其对缅甸施加的影响的看法，能够从民众层面上反映出各大国在缅甸输出实力的具体效果。

　　就美国而言，美国在 1988 年以前对缅甸保持了较好的政治经贸往来。但军人政权执政以来，由于缅甸违背美国在全球民主的价值观念，美国给缅甸加大了政治压力。同时，就这一时期关于日缅关系的研究认为，虽然日本与美国同属民主国家阵营，但是日本同缅甸的关系明显不同，学者们认为，第二次世界大战期间日本对缅甸的关系对以后的历史产生了重大影响。冷战时期，是日缅保持了一段友好关系的时期，但在 1988 年缅甸军方接管政权以后，日本对缅甸采取了不同态度。日本对缅甸的"民主"和"人权"问题遵循了西方对缅的态度，加之缅甸经济起点低，资金短缺严重，又遭到西方国家的经济制裁，因此日本在缅甸的经济和文化影响情况同时也是政治关系的风向标（范宏伟，2012）。在这样的政治关系大背景下，日本对于缅甸的援助远不如中国。但是，日本借助其对缅外交的重要工具 ODA（Official Development Assistance）对缅甸草根进行了重点援助，在缅甸社会产生了良好的社会效应。加之日本出于地缘因素的考虑总是试图用缅甸来遏制中国对日本造成的影响，所以一旦美国对缅制裁政策稍有松动，日本便主动加强与缅甸的接触。

　　2010 年后，缅甸开始逐步走向民主化道路，美国大幅调整了其对缅甸的民主外交政策，试图通过缅甸实现其在东亚的某种回归，美缅关系出现新变化，美国以其软实力、"制裁加接触"等策略不断调整对缅政策，并最终和缅甸关系走向正常化。

美国政治学家博尔丁（K. E. Boulding）曾提出，普通民众对他国国家形象的认识大部分是在当事人的童年时代，通过家族口传相授的方式形成的。日本在第二次世界大战时期帮助昂山将军赶走英国殖民者的行为在当时的缅甸社会一时被传为佳话，现在的缅甸人则通过对这种友好关系的代代口头相传，对日本保持了良好印象，所以日本与缅甸保持了较多接触，在缅甸发挥着其在经济、政治和平衡外交等诸多方面的作用，因而日本在缅甸的利益特别是在经济上的利益也逐渐增多。例如，当前日本在缅国际直接投资（FDI）已经跃居第二，仅次于中国。印度对缅甸政策也有了新发展，并且与中国在缅甸存在诸多利益交集，存在冲突与共存的问题。有学者指出，印度在印缅关系上表现出来的大国沙文主义和民族利己主义严重地损害了印度在缅甸民众中的大国形象；同样也有学者认为，缅甸民众心中存在印度干涉缅甸内政的记忆，使得缅甸在与印度交往时，总是担心印度将其作为实现印度利益的一个棋子，心存余悸，对印度在缅甸增加其影响力造成了不小的阻碍。

以上简单地梳理了各大国与缅甸关系的历史发展，那么当前缅甸与各大国之间的关系究竟如何，尤其是具体到普通民众对各大国的主观评价究竟是怎么样的，这方面的研究还相对欠缺。下文将对缅甸普通民众对各大国各方面的主观评价进行描述分析，从民众层面感知当前缅甸的国际关系问题。

第一节　大国影响力

一　经济影响力

首先，在经济影响力方面，问卷中的具体问题为"您认为下列事项是一个主要的威胁，一个小威胁或不威胁到您的国家吗"，列举了印度的经济力量及影响、美国的经济力量及影响、日本的经济力量及影响和中国的经济力量及影响。从图9—1中可以看出受访者对不同国家评价的差异，从中可以看出，有1/3（33.6%）的受访者认为中国经济对缅甸是主要威胁，其受访者比认为美国、日本、印度的经济对缅甸影响是主要威胁的受访者的总和还要多，而认为日本经济对缅甸存在主要威胁的受访者最少（5.3%），其次是印度（5.7%）和美国（6.7%）。从"不是威胁"这一项的选择中还可以看出，印度的经济发展最为缅甸民众所接受，有70.2%的受访者认为印度经济的发展对缅甸不是威胁，其次依次为日本（70.0%）、美国（65.6%），只有不到1/3（32.0%）的受访者认为中国经济对缅甸的发展不会构成威胁。

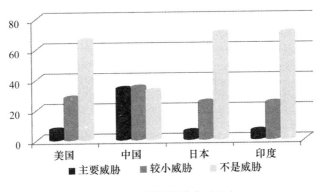

图9—1　经济影响力（%）

由以上数据可知，缅甸民众认为中国的经济力量及其影响最可能对缅甸造成威胁，而对美国、日本、印度在这方面的评价的占比都相对少很多。造成这种现象的原因可能是：一方面缅甸当今正处于民主化的过渡时期，亟须从所谓的民主国家汲取经验和教训；另一方面，在缅甸民众心中，中国是一个有着较长君主专制历史的国家，加之中国近期经济的高速发展又使其在邻近的东南亚各国中产生了较大的影响，在东南亚国家中地缘经济（有政府参与的经济竞争）中的优势地位让缅甸民众产生了忧患意识，而从缅甸获取资源、在中国进行深加工的产业模式也在逐步消耗缅甸的自然资源，这一系列的负面印象使得中国作为离缅甸最近的一个大国，容易给缅甸民众带来中国最有可能对缅甸造成实质性威胁的看法。

二　政治影响力

图9—2则展现了受访者关于各大国的政治力量及其影响对缅甸是否构成威胁的评价。从图9—2可以看出，总体上来说，对政治力量及其影响的威胁性的评价要弱于对经济力量及其影响方面的评价。就各个国家来看，认为中国的政治影响力对缅甸是一种主要威胁的受访者仍然最多，有20.9%，但是比认为中国经济影响力对缅甸是一种主要威胁的受访者少了10%以上，认为美、日、印三国政治影响力对缅甸不是威胁的受访者则都超过了2/3，而认为中国政治影响力对缅甸不是威胁的受访者虽然只有40%，但是也多于认为中国经济影响力对缅甸不是威胁，超过了8个百分点。由此看来，证实了特别是东欧剧变、苏联解体以来世界权力结构发生的变化，即全球争端开始从争夺硬权力向争夺软实力过渡，政治影响力让位于经济等软实力带来的影响力。

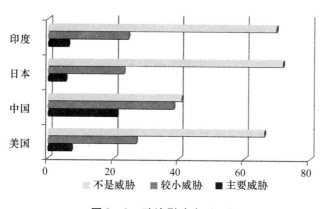

图9—2　政治影响力（%）

但是通过细致分析，中国政治影响力仍被缅甸受访者认为是在众大国影响力中最有威胁性的，这可能主要是因为缅甸民众对中国传统政治所形成的根深蒂固的印象。缅甸正处于民主化的过渡阶段，美国、日本和以民主自居的印度的政治影响力都较符合这一趋势。其中，日本还一直以经济见长，虽然自其经济起飞之后便开始重新谋求其在全球的政治地位，但受到第二次世界大战历史的影响，世界各国都不希望日本在政治上崛起，所以日本在谋求政治大国方面的努力效果不佳，政治影响力本身就较小。

三　文化影响力

就文化影响力对缅甸的威胁来说，从总体上看，相较于经济和政治，受访者对于文化力量及其影响力的威胁性的评价都相对较少。但相较于其他三国，仍然有最多的受访者（10.3%）认为中国文化对缅甸是一种主要威胁，有近三成（27.6%）的受访者认为中国的文化力量及其影响力对缅甸存在较小威胁。而对美国、日本和印度的评价的差别都不大，分别有5.8%、4.3%、4.8%的受访者认为美国、日本和印度的文化及其影响力对缅甸是一种主要威胁；分别有23.7%、18.8%和18.9%的受访者认为美国、日本和印度的文化及其影响对缅甸存在较小威胁（如图9—3所示）。

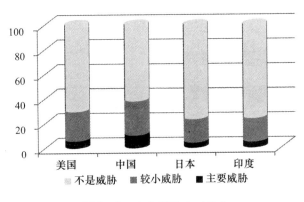

图9—3　文化影响力（%）

认为这四大国的文化影响力都不存在威胁的受访者较多，大部分都超过了2/3，占比最低的认为中国文化影响力不存在威胁的受访者都已接近2/3（62.1%）。这可能是由于缅甸的发展还没有达到通过文化对缅甸社会产生影响的阶段，文化作为一种更高层次的、精神层面的软实力，是在经济社会发展到一定阶段才开始起作用，而缅甸经济社会发展现状远远达不到受大国文化影响而产生威胁的地步，如今仍有大批民众基本生活保障都存在问题，甚至大批边民靠每天到中国境内乞讨为生。

四 军事影响力

从对军事影响力的威胁性的评价来看，其结果同政治影响力接近，如图9—4所反映的，中国仍是缅甸民众认为最具军事威胁的国家，超过1/5（20.9%）的受访者认为中国军事影响力对缅甸是一种主要威胁，将"主要威胁"和"较小威胁"两项进行加总可以发现，超过一半（58.0%）的受访者认为中国的军事影响力对缅甸存在威胁。其次是美国（35.0%），这可能主要是受到美国重返亚太的战略影响，东南亚各国对美国的军事影响力都有一定防备心理。另外，还是有相当比例的受访者仍然认为这四个大国的军事影响力并不对缅甸产生威胁，比如，认为美国的军事力量及其影响力不是威胁的受访者占到65.0%，认为中国的军事力量及其影响力不是威胁的受访者占到42.0%，认为日本的军事力量及其影响力不是威胁的受访者占到69.9%，认为印度的军事力量及其影响力不是威胁的受访者占到68.8%，再一次证实了当今世界权力结构开始向软实力过渡的格局。

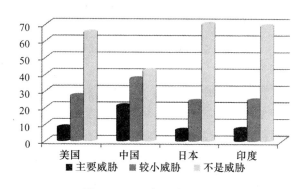

图9—4 军事影响力（%）

五 综合影响力

（一）综合影响力评价

对美、中、日、印四国在缅甸的影响力大小进行比较，问卷中的具体问题为"以下国家对缅甸的影响力如何"，其回答选项包括"很有影响力""有些影响力""很小影响力"和"没有影响力"这几项。如图9—5所示，有接近1/3（31.0%）的受访者认为中国在缅甸很有影响力，其次是10%的受访者认为美国很有影响力，再次是日本（3.5%），而认为印度很有影响力的民众最少，只有2.56%的受访者。由以上可以看出，民众的回答在一定程度上也和这四个国家综合国力有关，美国虽然综合国力最强，但早已经过了一国称霸全球、进行全球战略布局的时代，加之美国还位于地球的另一端，其影响力远远不如作为邻国的中国对缅甸的影响力，而中国的综合国力强于印度，并在影响缅甸的问题上有比日本更为优越的地理条件，所以中国影响力也大于日本。

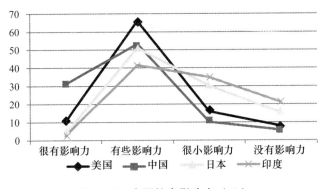

图9—5 大国综合影响力（%）

日本的综合国力明显强于印度，印度虽然近几年经济得到了快速发展，但是仍存在诸多问题。加之印度国内情况复杂，宗教之间、宗教不同教派之间，甚至印度和巴基斯坦之间都有不可调和的矛盾，没有和谐的环境和完整的工业体系，使得印度不能专心发展经济以增强其影响力，所以其综合影响力始终不够强大。

（二）影响力的正负面效应评价

在关于这四个国家对缅甸的影响力的正负面评价中，将"非常正面"和"正面"这两个选项进行加总，可以发现，认为美国对缅甸的影响是正面的人数比例最高（91.1%），其次是日本（81.8%），认为中国和印度对缅甸有正面影响的民众相对较少，其中认为中国有正面影响的最少（45.8%），印度则为67.1%（如图9—6所示）。

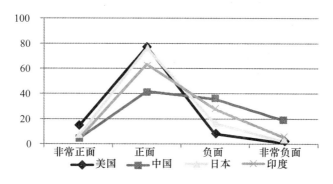

图9—6　大国综合影响力的效应（％）

六　总体印象

问卷中还询问了对四个大国的总体印象，在问卷中具体问题为"您对下述四个国家的总体印象是什么"，要求受访者进行打分，其中，"1"代表最差，"10"代表最好。本次研究中将得分1—4加总为"较差"，5为"一般"，6—10加总为"较好"。

由此得到缅甸民众对美国的总体印象，其中，回答"较差"的为13.24％，回答"一般"的为33.37％，回答"较好"的为53.39％。就对中国的总体印象而言，回答"较差"的为46.36％，回答"一般"的为37.00％，回答"较好"的为16.64％。就对日本的总体印象而言，回答"较差"的为20.43％，回答"一般"的为38.60％，回答"较好"的为40.97％。就对印度的总体印象而言，回答"较差"的为33.34％，回答"一般"的为38.80％，回答"较好"的为27.86％。由以上数据可以得到缅甸民众对各国的总体印象的排序是：美国、日本、印度、中国。在回答"较差"中，中国的比例最高，为46.36％；美国的比例最低，为13.24％；两者相差33.12个百分点。在回答"一般"中，各国的比例相差不大。在回答"较好"中，美国的比例最高，为53.39％；中国的比例最低，为16.64％，两者相差36.75个百分点。需要注意的是，在得分为"1"中（表示"最差"），中国的比例最高，为20.43％。在得分为"10"中（表示"最好"），美国的比例最高，为16.13％（如图9—7所示）。

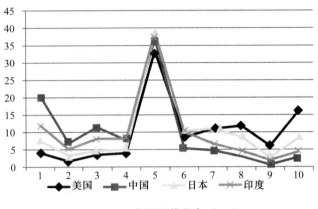

图9—7　大国总体印象（%）

七　好感度

问卷中还询问了受访者对四个大国的好感度，其具体问题为"请告诉我您对以下国家的好感度如何"，其回答选项包括"非常喜欢""有点喜欢""不太喜欢"和"非常不喜欢"这四项。由图9—8可以看出，缅甸民众对各大国的好感度差距较大。将"非常喜欢"和"有点喜欢"两项进行加总可以发现，喜欢中国的缅甸受访者占到了总量的一半以上（52.7%），但也有一半左右的受访者表示不喜欢中国。喜欢美国的缅甸民众最多，90.5%的受访者表示喜欢美国。其次是日本，有83.9%的受访者表示喜欢日本。缅甸民众对印度的好感程度介于中国和日本之间，有69.8%的受访者表示喜欢印度（如图9—8所示）。

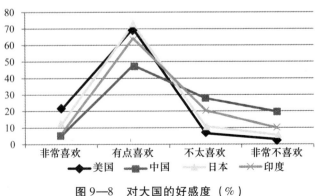

图9—8　对大国的好感度（%）

综上所述，缅甸民众表现出的主要是对西方阵营大国的好感程度较高，对和自己接壤的中国和印度好感度较低。这可能是受到了民主化过渡阶段的趋势影响，由于缅甸有较长时期的军人专政经历，民众普遍向往民主，所以对美国和日本等西方阵营大国好感度较高，希望自己的国家也成为所谓的民主的一分子。对印度的好感度超过中国的原因在于印度也是一个以民主自居的国家。而缅甸自古以来是中国专制时期的属国，对专制中国的印象根深蒂固，加之对较长时间军人专制的深恶痛绝，导致了对中国的好感度相对较低。

八　大国产品质量可靠度

通过缅甸民众对大国生产出来的产品的可靠程度的评价可以看出大国在缅甸的经济影响力的大小。在问题中的具体问题体现为"在可靠性方面，您对来自以下国家的产品的看法怎么样"，其回答选项包括"非常不可靠""不可靠""中等""可靠"和"非常可靠"这五项。如图9—9和图9—10所示，缅甸民众对美国和日本的产品好感度的比例是从认为"非常不可靠"到"非常可靠"递增的。将"可靠"和"非常可靠"两项进行加总可以发现，美国为82.5%，日本为87.2%，其中认为日本产品可靠的缅甸民众又比认为美国产品可靠的民众高5个百分点左右，一定程度上可以证明日本的产品在缅甸拥有较大的市场，缅甸民众有用日本产品的习惯。

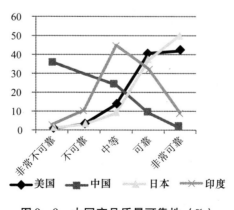

图9—9　大国产品质量可靠性（%）

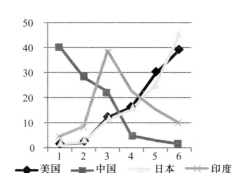

图9—10　大国产品质量可靠度量表（%）

印度和中国产品在缅甸口碑相对较差，特别是中国产品，只有10.1%的受访者认为中国产品可靠。但是中国产品在缅甸具有较大的发展空间，比如汽车行业，缅甸的汽车同中国一样是靠右行驶，驾驶室靠左。缅甸积累了大量的从日本直接进口的二手车，驾驶室是靠右的，不符合缅甸的道路行驶规范，所以只要中国汽车的质量能够得到提升，利用中国产品的价格优势，中国汽车就能有机会大规模进入缅甸市场。

九　大国发展模式

问卷中还询问了受访者对于国家未来发展模式的看法，在问卷中的具体问题为"哪个国家应该成为我们国家的未来发展模式"，其回答选项包括"美国""中国""印度""日本""新加坡""我们应该继续遵循自己国家的发展方式"。从样本的总体分布来看，有30.1%的受访者认为是美国，有7.2%的受访者认为是中国，有1.3%的受访者认为是印度，有11.1%的受访者认为是日本，有24.6%的受访者认为是新加坡，有23.0%的受访者选择了要遵循自己国家的发展方式，还有2.3%的受访者选择了除以上这些国家之外的其他国家。

缅甸民众对于自己国家应该遵循哪个大国的发展模式这个问题，各省邦之间的看法差异较大。如图9—11所示，有接近一半（49.6%）的孟邦受访者接受美国垄断资本主义的发展模式；最接受中国发展模式的是掸邦，有 15.9% 的受访者选择了中国的发展模式；德林达依省因为靠海受到日本影响较大，有 26.14% 的受访者愿意选择日本的发展模式；马圭省最为维护本国的发展模式，有接近 40% 的受访者愿意坚持本国的发展模式。

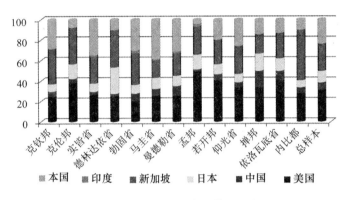

图9—11　缅甸应遵循的发展模式国家（%）

十　民主程度评价

问卷中让受访者对这四个大国的民主程度进行评分，1 表示"完全不民主"，10 表示"完全民主"。将 1—4 加总为"较不民主"，5 为一般，6—10 加总为"较民主"，如图 9—12 所示，对于美国的民主程度，受访者回答"较不民主"的比例为 4.96%，回答"一般"的比例为 5.91%，回答"较民主"的比例为 89.13%；对于中国的民主程度，受访者回答"较不民主"的比例为 63.46%，回答"一般"的比例为 17.20%，回答"较民主"的比例为 19.34%；对于日本的民主程度，回答"较不民主"的比例为 11.79%，回答"一般"的比例为 15.61%，回答"较民主"的比例为 72.60%；对于印度的民主程度，回答"较不民主"的比例为 23.65%，回答"一般"的比例为 21.18%，回答"较民主"的比例为 55.17%。

从整体上看，民主程度的排序是美国、日本、印度、中国。最高的美国和最低的中国相差 69.79 个百分点。回答"10"即最民主，美国最高，为 55.11%；中国最低，为 3.74%，两者相差 51.37 个百分点。回答"1"即最不民主，中国的比例最高，为 35.47%；美国的比例最低，为1.94%；两者相差33.53个百分点。

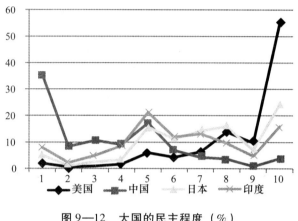

图9—12　大国的民主程度（%）

第二节　大国的地区影响力

一　GMS 地区影响力

（一）对 GMS 的重要性

缅甸是大湄公河次区域合作（GMS）的参与国，缅甸民众关于四大国对 GMS 的作用程度有自己的看法。在问卷中具体问题体现为"你认为以下四个国家成为在 GMS 地区一个越来越重要的力量吗"，其回答选项为"是"和"否"两项。如图9—13 所示，认为美国对 GMS 地区日益重要的受访者占了50.6%，认为中国对 GMS 地区日益重要的受访者数量紧随其后，达到了46.9%，仅比认为美国重要的低3%左右。其次是认为日本会对 GMS 地区日益重要的民众，占28.8%，而认为印度会对 GMS 起到日益重要作用的只有不到1/5（19.2%）。美国以其强大的综合国力重返亚太的战略正在逐步推进，参与 GMS 作为美国在重返亚太战略中重要组成部分，对美国具有重要意义，因而这可能也是造成缅甸民众普遍认为美国一定会在 GMS 地区产生日益重要的合作的原因之一。

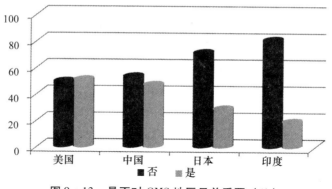

图9—13　是否对 GMS 地区日益重要（%）

（二）未来 GMS 的重要合作伙伴

进一步，问卷中询问了受访者"你认为以下四个国家在未来是 GMS 非常重要的伙伴国家吗"，回答选项依然为"是"和"否"两项。如图 9—14 所示，回答"是"GMS 未来重要伙伴的，美国为 61.57%、中国为 53.13%、日本为 48.13%、印度为 35.27%；回答"否"的，美国为 38.43%、中国为 46.87%、日本为 51.87%、印度为 64.73%。对 GMS 的未来重要合作伙伴的评价排序从高到低依次为：美国、中国、日本、印度。最高的美国和最低的印度相差 26.3 个百分点。就单个国家来看，回答美国和中国是否为 GMS 的重要合作伙伴的，回答"是"高于"否"，美国高 23.14 个百分点，中国高 6.26 个百分点。回答日本和印度是不是 GMS 的重要合作伙伴的，回答"否"高于"是"，日本高 3.74 个百分点，印度高 29.46 个百分点（如图 9—14 所示）。

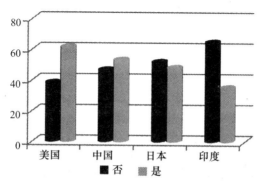

图9—14　是不是未来 GMS 的重要合作伙伴（%）

从实力上说,作为超级大国的美国,是缅甸民众认为未来重要合作伙伴的首选。从地缘上说,同属于缅甸周边国家的中国和印度,缅甸民众更倾向于认为中国作为未来的重要合作伙伴。

(三) 对 GMS 地区的威胁性

在与 GMS 有关的问题中,问卷中还询问了"如果任何一个国家成为世界强国,你认为它对 GMS 地区构成威胁吗"这个问题。由图 9—15 可知,认为不会对 GMS 地区构成威胁的,中国占到 36.47%、日本为 72.67%、印度为 74.07%;认为会对 GMS 地区构成威胁的,中国占到 63.53%、日本为 27.33%、印度为 25.93%。根据以上数据可知,受访者认为最可能会威胁 GMS 地区的是中国,其次是日本和印度。其中认为中国是否为威胁,回答"是"的比回答"否"的高 27.06 个百分点;认为日本和印度是威胁与否,回答"否"都比回答"是"高,日本高 45.34 个百分点,印度高 48.14 百分点。威胁程度最高的中国和威胁程度最低的印度相差 37.60 个百分点。由此看出,尽管中国是 GMS 地区的重要合作伙伴,但缅甸民众对中国的警惕心还是很强的,这种对中国既依赖又偏离的倾向可能是由中缅不对称结构关系决定的。

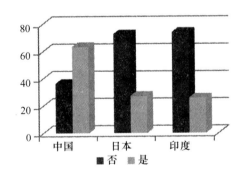

图 9—15 变为世界强国后是否会威胁 GMS 地区 (%)

二 亚洲地区影响力

(一) 当前亚洲最有影响力的国家

对于亚洲最有影响力的国家的评价在问卷中具体体现为问题"在亚洲哪个国家的影响最大",其回答选项包括"中国""日本""印度"

"美国"。从样本的总体分布来看,有三成左右(29.7%)的受访者选择了中国,有一成左右(10.3%)的受访者选择了日本,有3.2%的受访者选择了印度,有一半以上(56.8%)的受访者选择了美国。

进一步,从受教育水平来看,小学肄业中选择美国的有57.1%、中国28.0%、日本11.1%、印度3.8%;小学毕业者中选择美国的有57.2%、中国27.8%、日本11.5%、印度3.6%;初中水平者中选择美国的有61.4%、中国27.4%、日本8.4%、印度2.8%;高中水平者中选择美国的有53.2%、中国33.1%、日本10.1%、印度2.8%;大专及以上学历者中选择美国的有49.1%、中国40.3%、日本9.9%、印度0.7%(如图9—16所示)。

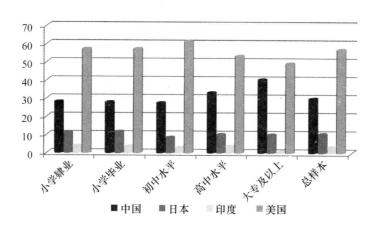

图9—16 当前亚洲最有影响力的国家(%)

由以上数据可以看出,不管何种受教育水平,选择美国的比例都是最高的,选择印度的比例都是最低的。尤其是在初中水平,选择美国的比例为61.4%,选择印度的为2.8%,前者比后者高58.6个百分点。在各受教育水平上认为中国最有影响力的比例最高的是大专及以上,为40.3%;认为美国最有影响力的比例最高的是初中水平,为61.4%。

(二)最有影响力的国家对亚洲的影响效应

进一步,问卷中还询问了这些大国对亚洲的正负影响效应的评价。在问卷中具体体现为问题"以上所选择的最有影响力的国家对于亚洲是好处还是坏处更多些"，其回答选项包括"更多的是利大于弊""有些利大于弊""有些弊大于利"以及"更多的是弊大于利"这几个选项。从样本的总体分布来看，有28.5%的受访者选择了"更多的是利大于弊"，有52.8%的受访者选择了"有些利大于弊"，有13.3%的受访者选择了"有些弊大于利"，有5.4%的受访者选择了"更多的是弊大于利"。

就受教育程度的差异而言，从图9—17中可以看到，小学肄业者中28.7%的人认为更多的是利大于弊，55.0%的人认为有些利大于弊，12.0%的人认为有些弊大于利，4.3%的人认为更多的是弊大于利；小学毕业者中有26.4%的人认为更多的是利大于弊，56.0%的人认为有些利大于弊，12.1%的人认为有些弊大于利，5.5%的人认为更多的是弊大于利；初中水平者中31.2%的人认为更多的是利大于弊，49.1%的人认为有些利大于弊，15.0%的人认为有些弊大于利，4.7%的人认为更多的是弊大于利；高中水平者中28.1%的人认为更多的是利大于弊，48.7%的人认为有些利大于弊，15.2%的人认为有些弊大于利，8.0%的人认为更多的是弊大于利；大专及以上学历者中27.1%的人认为更多的是利大于弊，51.9%的人认为有些利大于弊，14.2%的人认为有些弊大于利，6.8%的人认为更多的是弊大于利。

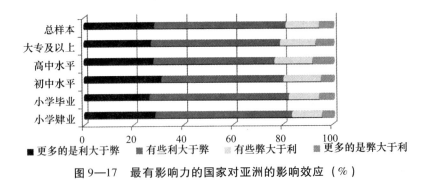

图9—17　最有影响力的国家对亚洲的影响效应（%）

受访者回答"更多的是利大于弊"或"有些利大于弊"的：小学肄业为83.7%、小学毕业为82.4%、初中水平为80.3%、高中水平为76.8%，大专及以上学历为79.0%。回答"有些弊大于利"或

"更多的是弊大于利"的，小学肄业为16.3%、小学水平为17.6%、初中水平为19.7%、高中水平为23.2%、大专及以上学历为21.0%。可见大多数受访者都认为最具影响力的国家对亚洲的影响是好的，但是随着受教育程度的提高，回答"更多的是利大于弊"或"有些利大于弊"的比例呈下降趋势。

（三）10年后亚洲最有影响力的国家

问卷中询问了缅甸民众对10年后对亚洲最有影响力的国家的预测，在问卷中的具体问题为"在十年后，哪个国家在亚洲的影响力最大"，其回答选项包括"中国""日本""印度""美国"。从样本的总体分布可以看出，有近三成（32.1%）的受访者选择了中国，有一成左右（10.5%）的受访者选择了日本，有3.6%的受访者选择了印度，有一半以上（53.8%）的受访者选择了美国，即大部分受访者还是肯定美国对亚洲未来的影响力的。

从图9—18中可以看到，从受教育水平来看，10年后对亚洲最有影响力的国家，小学肄业者回答的比例分别是：选择中国的为27.85%、日本为12.11%、印度为4.48%、美国为55.57%；小学毕业者回答的比例分别是：选择中国的为31.72%、日本为11.80%、印度为4.26%、美国为52.22%；初中水平者回答的比例分别是：中国为31.34%、日本为9.93%、印度为2.57%、美国为56.16%；高

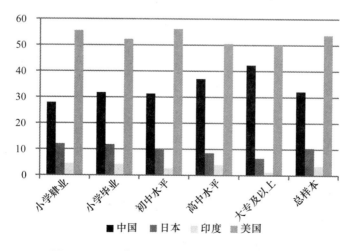

图9—18　10年后亚洲最有影响力的国家（%）

中水平者回答的比例分别是：中国为 37.00%、日本为 8.56%、印度为 3.98%、美国为 50.46%；大专及以上回答的比例分别为：中国为 42.31%、日本为 6.54%、印度为 1.15%、美国为 50.00%。

我们不难看出，不管处于何种受教育水平，选择美国的比例都是最高的，均在 50% 以上的，最高的是初中水平为 56.16%，且选择印度的比例都是排在最后的，最高的是小学肄业仅为 4.48%，并且随着受教育水平的提高，比例呈下降趋势；中国的最高比例是大专及以上组的 42.31%，并且随着受教育水平的提高，比例呈上升的趋势；日本的最高比例是小学肄业组的 12.11%，并且随着受教育水平的提高，比例呈下降趋势。但是从总体上来说，各受教育水平组别之间的差别并不大。

（四）四个大国对亚洲的影响效应

图 9—19 主要是分析美国、中国、日本与印度这四个国家对亚洲影响的好坏。从图 9—19 中可以看到各个国家回答"更多的是利大于弊"或"有些利大于弊"的比例分别是：美国为 92.0%、中国为 47.9%、日本为 86.6%、印度为 73.4%；回答"有些弊大于利"或"更多的是弊大于利"的比例分别是：美国为 8%、中国为 52.1%、日本为 13.4%、印度为 26.6%。从图 9—19 中可以看到，认为美国对亚洲的影响是有利的，其比例最高，为 92.0%；其次是日本和印度，分别是 86.6%、73.4%；而认为中国对亚洲的影响是有利的比例最低，为 47.9%；最高与最低相差 44.1 个百分点。回答"更多的是利大于弊"的，美国最高，为 31.1%；中国最低，为 5.6%；两者相差 25.5 个百分点。回答"有些利大于弊"的，美国、日本和印度的比例都超过 60%，分别为 60.9%、73.4%、66.9%；而中国的比例最低，仅为 42.3%。回答"有些弊大于利"的，中国最高，为 38.1%；美国最低，为 6.6%；两者相差 31.5 个百分点。回答"更多的是弊大于利"的，中国最高，为 14.0%；美国最低，为 1.4%；两者相差 12.6 个百分点。

对以上数据分析进行总结，我们不难发现，在受访者的评价中，美国对亚洲的影响利远远大于弊；中国对亚洲的影响好坏各将近一半；日本和印度对亚洲的影响是利大于弊。

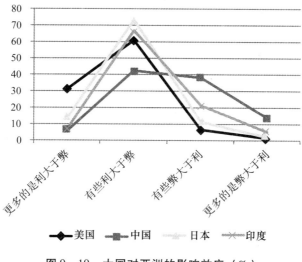

图 9—19　大国对亚洲的影响效应（％）

第 十 章

总结与讨论

    本书是对 2015 年度缅甸综合社会调查（MGSS）问卷数据的展示和初步分析，主要包括缅甸居民的个人与家庭基本情况、就业与经济评价、政治态度和价值观、民主与选举、宗教与社会、政府治理与个体参与以及国际关系几个方面的内容。通过变量之间的交互，本书得到在性别、年龄、城乡、宗教、族群、省邦、受教育程度等不同层面上缅甸居民的工作、生活状态和感受，以及政治、经济和社会态度与评价等的基本情况。

    在绪论和第一章中，对 2015 年度缅甸综合社会调查（MGSS）项目的背景和执行情况进行了较为详细的说明，也对本书的结构和内容做了介绍。

    第二章是调查样本个人与家庭情况的描述，从样本的分布上可以看到，本调查涵盖的受访者中，居住在城镇的人比居住在乡村的人要多一倍，已婚者要比未婚者多一倍，另外受访者中九成以上的人信仰佛教。在年龄分布上，问卷设计排除了 18 岁以下个体，就 18 岁以上个体的情况来看，各个年龄段之间样本的分布相对均匀，其中 40—49 岁年龄段占比略多。从族群上来看，缅族是占比最高的民族。从受教育水平上来看，缅甸居民普遍受教育程度较低，一半左右的受访者受教育程度在小学毕业及以下水平，城市受教育程度普遍比农村要高。同时，高中及以下教育水平的样本中男性占比高于女性，但大专及以上教育程度中女性占比高于男性。在总样本中，克伦族、若开族和印度族受教育程度均较低，克伦族受访者中有超过一半的人小学未毕业，若开族和印度族受访者中受过高等教育的人数较少，而孟族受访者的受教育程度出现两极分化的情况。从宗教信仰的情况来看，佛教信仰者在小学毕业及以下的受教育水平者中占比接近一半，比其他宗教信仰者占比要高，在大专及以上受教育程度的受访者中的占比又比其他宗教信仰者要高，呈现两极分化的特点。这可能是因为缅甸居民以佛教信仰者为主，本次调查中佛教信仰者样本占比也超过了九成，因此这一群体内部差异较大。

在对家庭情况的分析中，本书发现，农村中较低收入者占比较高，城市中较高收入者占比较高。若开族是较低收入者占比最高的族群，缅族是较高收入者占比最高的族群。大部分佛教徒和其他宗教信仰者的家庭收入属于中等收入阶层，并且佛教徒的贫富差距相对于其他宗教信仰者更严重。从缅甸居民对自己家庭经济状况的主观认识上可以看到，大部分人认为自己家庭经济状况"一般"，无论是城市居民还是农村居民，在与同一生活地域的其他家庭相比时对自己家庭经济状况的满意度均较低；在族群层面，若开族认为自己家庭情况"非常不好"的比例高于其他族群，说明相较于其他族群，若开族对自己的家庭经济状况不太满意。另外，在佛教信仰者和其他宗教信仰者的家庭经济状况满意度自评中，本书发现与此前反馈的家庭收入的情况一致，佛教信仰者的家庭经济状况满意度自评两极分化的情况较其他宗教信仰者来说更为严重。

从收支情况来看，不论是在城乡、族群还是宗教层面，都有超过一半的受访者表示其收支维持在"相抵"的水平，有存款的情况是极少的，而且背负债务的家庭比有存款的家庭比例更高。其中，城市居民收入较农村居民高，所以对于城市居民来说较容易实现收支相抵和留有存款，而农村居民收入较低，能维持基本的生活需要，其收支状况都表现为支出大于收入，难以实现储蓄且往往形成负债，生活压力较大。从族群上来看，若开族家庭收入较低，有三成以上的人表示自己家不但花了积蓄而且产生了负债，这一比例高于其他族群。另外，表示家中"有存款"的受访者中缅族和孟族的人数比例较高。

在对电器拥有情况的比较中，可以发现电视作为影像设备中的一种，是所有影像设备中普及率最高的。移动电话的普及率也几乎都在一半以上。而照相机、电脑、空调等电器由于价格比较昂贵，也不是生活必需品，在缅甸的普及率则普遍很低。

　　第三章从收入、收入满意度、工作满意度及职业晋升/发展机会这四个方面，对缅甸居民的就业情况进行考察。本书发现，在工作的收入方面，性别和城乡差异体现得极为明显，也就是说缅甸城乡之间的收入差距较大，性别不平等在工作收入中体现得尤为明显。从年龄上看，30岁和50岁是两个分水岭，在30岁之前，即18—29岁，收入主要分布在中等以下阶层，在50岁之后，收入也主要分布在中等以下阶层，而在30—50岁，收入主要分布在中等及以上阶层。如果从职业生涯及社会资本的角度进行解释，一般来说个体在30岁之前事业仍处于积累期，在50岁之后则事业出现稳定甚至下滑，由于30—50岁正值壮年，这个阶段能力、资本、经验的积累达到峰值，事业达到职业生涯中的顶峰，收入自然也就最高。从受教育程度来看，受教育程度的提高与收入的增加有着正相关的关系。从族群方面可以发现，所有族群中印度族是中等以下收入阶层占比最低的族群，若开族则是中等以下收入阶层占比最高的族群，其他族群是中等收入阶层占比最低的，表现出较为明显的贫富分化；而孟族的中等收入阶层最多，占到了三成左右；缅族是所有族群收入阶层分布最为均匀的；而若开族是所有族群中在五个阶层中分布最为不均匀的，其分布集中于中等以下收入阶层。

　　在收入和工作满意度这一节中，可以看到缅甸居民的自评和感受。收入的多少与收入满意度之间并无直接的相关关系。女性被调查者的收入虽然总体上低于男性被调查者，但是女性被调查者的满意度要高于男性；同时城市被调查者的收入高于农村，其满意度也高于农村。从年龄上来看，收入满意度最高的是处于事业生涯峰值时期的40—49岁，收入满意度最低的是处于事业发展稳定甚至出现下滑的50—59岁。从受教育程度来看，随着受教育水平的提高，收入满意度呈现上升的态势。从族群上来看，除了若开族之外，其他所有族群的收入满意度都超过了一半的占比。从省邦上来看，除了若开邦之外，其他所有省邦的收入满意度都超过了一半的占比。在对工作满意度的比较中，可以看到，女性比男性的工作满意度稍高，城市居民的满意度比农村要高，并且工作满意度的城乡差别比性别差异体现得更为明显。从年龄上来看，工作满意度最高的依然是40—49岁，最低的依然是 50—59 岁。但是在受教育程度方面，工作满意度不像收入满意度那样与受教育程度呈现正相关的关系，这可能是因为工作满意度还包含了工作时间、工作压力等方面的因素，脑力劳动者虽然可能收入较高，但是其压力可能也更大，因此满意度也就不一定高了。从各族群来看，孟族的满意度不仅最高，而且没有被调查者选择"非常不满意"这一选项。而各省邦的收入满意度普遍较高，都维持在一半以上的比例，仰光省的工作满意度最高，依洛瓦底省的工作满意度最低。

在职业晋升/发展机会这一节中，可以看到，各族群、省邦、年龄组、受教育程度的受访者，其职业/晋升发展的可能性都差不多在一半左右，这个比例还是很高的。其中，性别、城乡差异仍然在这其中有所体现；在各省邦职业晋升/发展机会占比都超过一半的情况下，只有勃固省、实皆省、克钦邦低于一半的比例。另外，青年人和中年人认为有更多的晋升机会，而 60 岁及以上的老年人反馈缺乏晋升机会，这符合职业生涯的发展规律；教育程度与职业晋升/发展机会存在着正相关的关系，受教育程度最低的小学肄业组与最高的大专及以上组之间，在职业晋升/发展机会的占比方面相差近 1/3；族群层面，若开族反馈的职业晋升/发展机会最大，印度族则最低。

第四章中，我们关注了缅甸民众在经济方面的评价。第一节是受访者对于国家和个人经济环境的评价。在对国家经济环境的评价中，农村被调查者相较于城市受访者对于国家经济环境的评价更为正面；孟族、掸族、克伦族和缅族对国家经济环境的评价相对较高，积极评价占比超过了一半；内比都、克伦邦、勃固省、孟邦、掸邦、仰光省、马圭省和德林达依省对国家经济环境的评价相对较高，超过一半的受访者认为国家经济环境是"非常好"或"有点好"的，其余各省邦则持积极态度的占比均不到一半。不过可以看出，大部分省邦对国家经济环境总体还是满意的，在对国家经济环境的预期评价上，不管是城市还是农村的受访者均持乐观态度，认为国际经济环境会有所改善，或至少保持不变。其中，农村被调查者比城市受访者更倾向于认为会"有很大的改善"，而城市被调查者更倾向于认为会"保持不变"。各个族群对国家经济环境的预期总体上也保持乐观态度，认为国家经济环境会有所改善的人数在各族群中都占到一半以上，其中，最为乐观的是印度族受访者，相对不那么乐观的是若开族。在省邦层面，认为国家经济会改善的受访者在各省邦都达到七成以上。在对个人经济环境的评价中，不论城乡、族群、省邦，认为个人经济环境好的比例大部分都超过了一半，并且对于个人经济环境的评价要普遍高于对国家经济环境的评价。其中，城市受访者对于个人经济环境的评价高于农村受访者；不同族群中，除若开族、印度族以外，对个人经济环境持正面评价的人数占比都超过了一半。在省邦层面，除德林达依省、若开邦以外，其他各省邦都有超过一半的受访者对于个人经济环境持正面评价。在对个人经济环境的预期评价中，不论城乡、族群、省邦，大部分人都持乐观态度，农村被调查者对于个人经济环境的预期要比城市被调查者更为乐观。相对而言，各族群中，其他族群表现得最为乐观，若开族表现得相对不那么乐观。在各省邦中，孟邦表现得最为乐观，马圭省表现得不那么乐观。

在第二节有关经济状况变化的评价中，可以看到，总体上有四成以上的受访者认为国家贫富差距增大了。城市受访者比起农村受访者来说认为贫富差距增大的占比更高。在各族群中，掸族中约有一半的人认为过去几年贫富差距在拉大，孟族最少，但也占到了四成以上。而各个省邦对于贫富差距的感知则差异较大，认为"扩大了"的占比高于"缩小了"的占比的省邦有：克钦邦、克伦邦、实皆省、德林达依省、勃固省、曼德勒省、孟邦、若开邦、仰光省、掸邦、依洛瓦底省；只有马圭省、内比都的受访者中选择"减少了"的占比更大。由此可以推断，缅甸各省邦之间的经济发展可能不太平衡，这造成了各地居民对于贫富差距的感知存在较大差异。在对国家经济系统的主要受益群体的评价中，反映出国家经济系统向富人倾斜的看法深入民心，大部分人都认为目前缅甸的国家经济体系是有利于富人的，城市受访者中认为有利于富人的占比更高。在对最适合缅甸的经济模式的选择上，大部分人都选择了自由市场资本主义。其中，一般来说由于城市居民的文化素质普遍高于农村，对于经济模式的看法除了自由市场资本主义和国家资本主义以外可能有更多的想法，因此城市受访者中有相当一部分人既没有选择国家资本主义也没有选择自由市场资本主义。在族群层面，孟族选择自由市场资本主义的人占比最高，达到了九成以上，缅族选择国家资本主义的占比最高，达到了两成以上。各省邦中，仍然是大多数人选择自由市场资本主义，其中克伦邦和德林达依省的民众特别推崇在缅甸实行自由市场资本主义。

第三节是缅甸的对外经济贸易合作情况，主要比较了缅甸民众对于与其有经济关系的其他国家之间的贸易合作的态度。就缅甸与印度的贸易合作来说，大多数民众是相当认可的，其中城市居民的认可程度更高一些，印度族、掸族的肯定态度在所有族群中尤其高，仰光省、掸邦在所有省邦中尤其高。在对世界领先经济强国的评价中，美国被大部分缅甸民众认可为世界领先的经济强国，其次是中国，再次是日本。接着本书比较了缅甸民众对中美两国的评价，可以看到，在对中国人和美国人的做生意方式、中国和美国对缅甸经济的正负面影响以及中美两国的重要性比较的评价上，整体来说，缅甸民众更认可美国，相对不认可中国，同时城市被调查者相较于农村受访者认可美国的程度更高一些，并且相对而言更加不认可中国。

第五章主要关注受访者对国家运行方式、社会交往、与外界信息交流、宗教信仰等方面的态度和评价。大多数的缅甸受访者对国家运行方式表示很满意，其中，女性的满意度高于男性，城市受访者的满意度高于农村被调查者。从年龄上来看，随着年龄的增长，对国家运行方式的满意度逐渐提高，而受教育水平较高的受访者对本国运行方式的满意度则较低。各族群中，掸族对国家运行方式的满意度相对较高，而对缅甸运行方式满意度较高的省邦包括：克伦邦、德林达依省、勃固省、马圭省、曼德勒省、孟邦、若开邦、仰光省、掸邦、依洛瓦底省和内比都，相对来说克钦邦和实皆省对缅甸的国家运行方式满意度较低。

在社会交往方面，大部分受访者认为多数人是值得信任的，城市受访者对其社区邻居的信任度低于农村被调查者；随着年龄的增长，受访者对人的信任度也上升，但受教育程度越高的人对其社区居民的信任度越低；在族群层面，克伦族中有一成以上的人认为必须非常警惕居住在自己社区中的居民，这一比例高于其他各族群，而若开族、掸族和印度族对自己所居住社区内居民的信任度较高，他们中约有一半的人认为社区中多数人是很值得信任的；在各省邦中，克钦邦对其社区居民的信任度较低，其中有三成以上的人认为多数人需要基本警惕，这一比例均高于其他地区的受访者，勃固省、曼德勒省、若开邦、掸邦以及内比都的受访者对社区居民的信任度较高，均有约一半的受访者认为其社区中多数人是很值得信任的。

在与外国人的社会距离方面，数据反映出缅甸人与外国人的社会距离较远，与外国人的社会交往不密切。大部分受访者表示愿意与外国人成为好友、同事或熟人，但是愿意与外国人成为邻居和与其结婚的受访者较少，特别是只有极少数的缅甸人愿意与外国人通婚。另外，数据反映出这种与外国人的社会距离没有明显的国别差异，即无论是美国人、中国人、日本人还是印度人，大部分受访的缅甸人都表示愿意与其成为朋友、同事，也非常欢迎这些国家的人对缅甸进行访问，但是只有较少的人愿意与他们成为邻居，生活在同一社区，而表示愿意与外国人结婚的受访者人数比例则尤其小。

在缅甸民众与外界的信息交流方面，接触过国外媒体播放节目的人数比例基本上还是占到了一半左右，其中，城市居民收看或收听国外节目的频率高于农村居民；接触国外节目频率的年龄差异总体表现为年龄越小的受访者收看或收听国外节目的频率就越高，即缅甸的年轻人更容易接触和接受国外节目，而受教育程度越高的受访者接触国外节目的频率也越高；族群差异方面，印度族受访者接触国外节目的频率较低，而孟族和若开族均较高；省邦层面，内比都、曼德勒省、勃固省、马圭省以及依洛瓦底省的受访者收看国外节目的频率较低，特别是内比都，而克钦邦、克伦邦、实皆省、德林达依省、孟邦、仰光省以及掸邦受访者收看国外节目的频率较高。互联网的使用情况方面，总的来说，只有约 1/5 的受访者经常或偶尔使用网络，其中，男性使用网络的比例略高于女性，城市受访者的互联网使用率远远高于农村受访者；省邦层面，仰光省、曼德勒省以及孟邦的受访者使用互联网的频率较高，最多的仰光省有三成以上的受访者经常或偶尔使用互联网，互联网普及率较低的省邦包括实皆省、德林达依省、若开邦和内比都，使用率都在 1/10 以下；族群层面，缅族和孟族受访者中使用互联网的人数比例较高，接近 1/5，而克伦族和掸族仅有约不到

1/10 的人使用互联网。另外，年龄越小的受访者使用互联网的人数比例越高，随着受教育程度的提升，使用互联网的人数比例也逐渐升高；受访者中使用手机的占比总体上达到一半左右，较网络使用率要高，且受教育程度越高手机使用率越高。省邦层面，仰光省和内比都的手机使用率最高，均超过 4/5，手机普及率最低的地区是德林达依省，仅约有 1/3 的人使用手机。从手机费用高低的角度说明了使用手机的频率，总体上手机花费较低的受访者占较高比例，说明整体上缅甸居民中手机的使用频率并不太高。其中，手机每月开支的城乡差异较大，城市居民每月花费在手机上的开支高于农村居民；年龄越小的缅甸民众每月花费在手机上的开支越高；受教育程度越高的缅甸民众每月花费在手机上的开支越高；若开族受访者每月手机消费水平较高；各省邦中若开邦和仰光省每月花费在手机上的开支较高，而实皆省和内比都每月手机开支较低。

在宗教信仰方面，受访者中约有九成的人认为宗教是非常重要的。由于以往生活在缅甸的穆斯林中多存在一夫多妻的家庭生活状况，而缅甸颁布的与宗教相关的新法案要求任何宗教信仰的民众都必须实行一夫一妻制度，问卷对这一新法案的接受程度进行了调查和分析，数据显示有九成左右的人对这一新法案持接受态度。另外，新法案中也规定不同信仰者不能结婚，即限制信仰佛教的女性与有不同宗教信仰的男性结婚，数据显示大部分缅甸受访者对此表示赞同。值得注意的是，对不同宗教信仰者不能结婚的接受程度具有较明显的族群和地区差异。若开族和掸族对于不同宗教信仰者不能通婚的新法案接受程度较高，均有九成左右的受访者表示"非常赞成"。相反，克伦族和印度族中对这一法案的接受程度较低，克伦族中仅有不到一半的受访者表示"非常赞成"，印度族中仅有不到三成的人表示"非常赞成"，这一比例低于其他所有族群，同时有高达四成的印度族"反对"这一法案。印度族中较多受访者反对不同宗教信仰者不能结婚的法案，可能是因为大部分印度族信仰印度教，而缅甸居民大多数是佛教徒，这一法案的实行可能导致印度族居民难以找到合适的结婚对象。对法案中"限制佛教女性与不同信仰的男性结婚"这一规定的看法，若开邦的绝大部分受访者表示"非常赞成"，勃固省和依洛瓦底省对此新法案的接受程度则较低。对与不同宗教信仰者之间的社会距离的观测可以看出缅甸对于不同宗教信仰者的包容程度，由于缅甸大部分民众信仰佛教以及佛教是缅甸准国教的背景，绝大多数缅甸人十分愿意与佛教徒在一起生活和工作，缅甸人对佛教徒的接受程度较高，或者说佛教徒这样一个内群体之间社会关系较紧密。但是对于天主教徒、基督教徒、伊斯兰教徒以及印度教徒，缅甸人即大部分佛教徒与他们之间的社会距离较远。

第六章考察了缅甸民众对政治重要性、本国政府体系、吴登盛政府的评价，以及对发展经济和保障政治自由的相对重要性等的态度。在政治重要性的评价中，大部分受访者都认可政治的重要性，其中男性对政治的敏感度和关注度都高于女性，城市受访者比农村受访者更重视政治的重要性，而受教育程度越高的人群对政治重要性的评价也越高。

从对本国政府体系的评价中可以看出，女性主要主张对本国政府体系进行小幅改变，男性则主张大幅改变。也就是说，相较于女性，男性对本国的政治体系满意度较低，认为需要采取措施改善。城乡受访者对本国政府体系的态度主要都集中在"小幅改变"和"大幅改变"上，并且城市受访者比农村受访者对本国政府体制的认同度略高。年龄较长的缅甸受访者认为当前本国政治体系需要改变的人数比例低于较年轻的受访者。受教育程度越高的缅甸受访者认为当前缅甸政治体系需要改变的人数比例越高，可能是因为受教育程度越高的人越能洞察到缅甸当局存在的问题。族群层面，克伦族、若开族、孟族对本国的现有政府体制更倾向于认同，掸族、印度族和其他族群对本国的政府体制更倾向于变革。在所有省邦中，倾向于保持现状的有勃固省、孟邦、若开邦、仰光省和内比都，倾向于变革的省邦有克钦邦、实皆省、德林达依省、马圭省、依洛瓦底省、曼德勒省、掸邦。可以发现作为缅甸前首都和现在首都的所在地的仰光省和内比都对本国政府体系的认同度是最高的；若开邦、孟邦、勃固省和克伦邦对本国政府体制也偏向于认同；曼德勒省、马圭省、依洛瓦底省、德林达依省、掸邦、克钦邦和实皆省对本国政府体制偏向于不认同。

从对吴登盛政府的满意度我们可以看出，无论是男性还是女性，大部分人对吴登盛政府的满意程度都较高，吴登盛政府受到普遍好评与他的积极改革措施是分不开的。2011 年吴登盛上台后进行了大刀阔斧的改革，改善经济发展环境，注重民生；与少数民族武装组织签署停火协议等。60 岁及以上的老年人对吴登盛政府的评价相对较极端，其表示"非常满意"和"非常不满意"的比例都高于其他年轻群体。其他年龄较小的群体大部分人对吴登盛政府的满意度也都较高。各族群对吴登盛政府是偏向满意的，但是各族群之间满意度也相差较大。从整体上来说，各省邦对吴登盛政府还是满意的，满意度最高的若开邦和满意度最低的克钦邦两者相差近 1/4，说明各省邦之间对吴登盛政府的态度还是存在一定的差别的。

在缩小经济差距（经济平等）和保障政治自由的相对重要性的比较中，大部分受访者都认为政治自由比缩小经济差距更重要。相较于女性，更多的男性认为保障政治自由比减少经济不平等更重要；农村受访者相较于城市受访者对政治自由的重要性认识更为强烈；年龄较长的缅甸民众认为政治自由更重要的程度更高；而不同受教育程度之间的差异则较小，各个受教育程度的受访者中大部分人都认为政治自由绝对重要。族群层面，各个族群都更倾向于选择政治自由，尤其是掸族和缅族，带有明显的自由价值取向。需要注意的是，在各族群中，表示"缩小差距绝对重要"的比例最高的是印度族，也就是说缩小经济差距是印度族受访者关注的重要议题。从省邦来看，除仰光省外，其他诸省邦受访者都更倾向于认为政治自由更重要。缅甸作为一个发展中国家，经济落后是其重要特征。但中央与地方武装的长期矛盾、族群冲突、宗教冲突等问题笼罩着缅甸，使得缅甸民众受到政治社会化的影响，并认识到了政治在其生活中的重要意义。不管是对本国政府体制还是吴登盛政府的满意度评价中，缅甸的少数民族都是排在最后，可见族群问题是缅甸政治发展的一个主要障碍。

第七章的主要内容是民主与选举。第一节是关于选举权力及情况的相关调查，缅甸正处于向民主化过渡的重要阶段，选举对其国家民主程度具有标志性意义。大部分受访者对于 2015 年选举结果均较满意，并且大部分受访者认为选举真正为选民们提供了选择不同政党或候选人的权利，即选举权利得到了充分的发挥。从 1990 年到 2015

年，缅甸的民主选举道路虽然经历诸多坎坷，但参与投票的民众越来越多。就2015年大选来看，全民盟党派有良好的群众基础，绝大多数受访者认为这次选举计票公正，报道公正，他们认为电视新闻的宣传促进了本次选举的顺利进行。

第二节是关于对民主的看法和态度。大部分受访者认为民主政权要优于专制政权，也认为民主总是能解决社会问题，政府的民主化是非常重要的，即缅甸民众对于发展民主、走民主化道路始终保持着支持的态度。由于缅甸政府的民主程度还较低，大部分人认为缅甸虽然在逐渐实现民主，但仍然存在缺陷。

第三节是对选举相关法案的态度。不同意"不允许有外国直系亲属的人成为总统"规定的人数比例较高，这可能是因为这一项法案有专门针对民盟领导人昂山素季的嫌疑，导致大部分受访者不认可。对于"上议院和下议院中25%的议会席位可以由未经选举的军方官员获得"，受访者的态度出现了极大的分化，同意和不同意的受访者各占一半，可以看出缅甸民众对于军方的态度较为矛盾。

第四节是关于民主化道路下民众利益是否能得到实现的调查。大部分受访者认为当政的政府会对民众的诉求做出回应，而且他们认为选举活动的开展有助于政府了解民众真正所需，同时大部分受访者认为在缅甸个人权利能够受到尊重。

第八章主要关注受访者对政府治理与个体参与的态度和看法。第一节中，关于本国政府体系和政府能力的评价方面，大多数受访者持消极态度，大部分人认为当前的政府体系没有能力解决国家面临的问题，对本国政府体制并不感到自豪。同时，大部分人认为尽管存在问题和漏洞，还是应该支持本国政府及其体系。对未来五年内政府是否有能力解决相关重要问题，大部分受访者表示很有信心，鉴于问卷调查是在2015年大选之后立即开展的，这表明了民众对昂山素季领导的民盟政府的信任和期待。由于若开邦长期以来存在特殊的宗教和群族冲突，若开邦和若开族的受访者对未来政府能力的信心相对较低。

第二节是关于缅甸民众的利益表达和政治参与的状况。总体来看，城市受访者在利益表达方面比农村受访者具有更高的积极性，但绝大多数受访者都没有参与过政治活动。

第三节对缅甸目前的腐败问题进行了调查。总体上，大部分受访者认为中央政府官员相较于地方政府官员存在腐败问题的可能性更高，省邦层面认为腐败问题较严重的地区是克钦邦。就商业腐败方面，城市中由于商业活动较活跃所以受访者认为存在商业腐败的情况也较多，如仰光省的受访者认为出现了较大范围的商业腐败，而内比都则相反。对于政府打击腐败的力度和作为，大部分受访者持肯定态度，并认为相较于五年前腐败问题有所缓解，但是希望政府加大打击腐败的力度。最后，大部分受访者表示很少面临需要用贿赂或送礼的方式来求人办事的情况。

第九章国际关系的大国影响力这一节中，本书针对中国、美国、日本和印度在缅甸的影响力，以及缅甸民众对这些大国的评价来观察缅甸与大国之间的关系。本次调查的数据显示，无论是在经济、政治、文化，还是军事方面，相较于其他国家，中国都被认为是主要威胁。大部分缅甸民众认为中国在缅甸具有较强影响力，但是正面效应却较弱，他们往往认为美国和日本为其带来的利益更多。由于中国民主化程度较低、产品质量可靠程度较低等原因，缅甸民众对美国和日本的总体印象和好感度均高于中国和印度。他们认为美国和日本等西方大国是民主、自由和法治的化身。

由于缅甸处于民主化过渡的特殊时期，而中国却是一个具有较长君主专制历史的国家，近年来中国经济快速发展对缅甸造成威胁，在缅甸获取原材料进行深加工的工业体系使得缅甸的自然资源破坏严重。从地缘上看，中国是离缅甸最近的大国，最有可能对缅甸产生实质性的威胁。所以，缅甸为了更好地实现民主化，他们更愿意与民主国家开展各方面的合作，也更倾向于接触民主国家的文化，所以当前缅甸与美国的关系发展较好，美国在缅甸的正面效应也较强。

另外，大国对缅甸政治影响力和军事影响力的下滑，反映出当今时代大国之间从争夺硬实力向争夺软实力过渡的趋势，政治和军事影响力将让位于经济和文化等软实力。

在大国的地区影响力这一节中，本书对中国、美国、日本和印度在 GMS 地区和亚洲地区的影响力进行了调查。数据显示，大部分民众认为美国对 GMS 地区发挥着日益重要的作用，中国在 GMS 地区的影响力也在不断扩展，而日本在 GMS 地区的影响力较小。缅甸民众认为超级大国美国是 GMS 的重要合作伙伴，而中国由于地缘优势和国家实力的强大，也是重要的合作伙伴。但是缅甸民众也担心中国成为头号强国会对 GMS 地区产生威胁。

在缅甸民众看来，当前对亚洲最有影响力的国家是美国，其次是中国，10 年后对亚洲最有影响力的国家依然是美国，其次是中国，这些最具影响力的国家对亚洲的影响总体来说是好的，美国在亚洲地区的正面效应强于负面效应，日本和印度对亚洲的影响利大于弊，而中国对亚洲的影响利弊参半。

后　记

在过去 20 多年的学术生涯中，有两大缺憾始终梗在心头无法消弭。

一是每次出国访学或工作，都不得不花大量的时间和精力去下载英文文献。这点痛，想必学界同仁感同身受。好在近年来国内越来越多的重点大学开始订购英文期刊数据库，尤其是少数顶级大学的师生们可以很任性地链接国外电子期刊数据库了。

二是研究发达国家的学者可以畅游调查数据的海洋，而我们研究区域国别的犹如行走在数据的荒漠之中，多么期待一片绿洲，哪怕很小。关于这一点，但凡是做量化研究的同行一定有不少共识，尤其是对于从事东南亚地区和国别研究的学者来说，是切肤之痛了。截至目前，国内外学术机构都还没有一套专门针对东南亚地区和国别研究的大样本调查数据库。

我一直梦想着开启东南亚地区和国别大样本数据库建设的工作。这对于来自经济落后、科研经费严重不足的云南学术机构和本地学者来说，难度可想而知。我和我的同事，就是在这样的背景和条件下，在无力建设东南亚地区性数据库的情况下，以当前对我周边外交中具有重要战略意义的缅甸为突破口，完成了第一套具有较高学术传承价值的缅甸调查数据库——"缅甸综合社会调查（2015）"。本书就是这套数据的描述性统计报告。

在缅甸研究乃至更广泛的东南亚研究领域，"缅甸综合社会调查（2015）"是一项开创性的工作，它为学术界对缅甸诸多方面开展量化研究奠定数据基础，它的使用价值和保存价值随着时间的推移而更显珍贵。在此，我要感谢时任云南省社会科学院、中国（昆明）南亚东南亚研究院的李涛书记和任佳院长，正是在他们的鼎力支持下，这个项目才得以立项，并最终建成数据库。

本书得以顺利出版，还得益于"云南大学周边外交研究丛书"出版资助；云南大学社会科学处处长兼缅甸研究院院长李晨阳教授、国际关系研究院副院长卢光盛教授在本书的出版过程中提出了许多宝贵意见，并在出版方面给予大力支持。此外，中国社会科学出版社责任编辑马明老师认真负责的修改、编辑和设计，不仅尽可能地减少了本书的错误和纰漏，而且精美的设计也必将得到学界同仁的认可。对于上述各位同仁和老师的付出，在此一并致谢。

本书的分工为：孔建勋负责总设计、撰写"绪论"、第一章和第十章，并负责全书的统稿和修订；邓云斐负责完成所有章节的图表制作和部分数据分析，并参与撰写第二章、第三章、第四章、第五章、第七章和第八章；张晓倩参与部分数据分析，参与撰写第二章、第四章和第五章；朱复明、江明俊参与撰写第六章、第七章和第九章；刘冰津参与撰写第一章、第六章和第七章，并协助做了部分章节的数据分析和图表制作。

本书的出版旨在为国内学术界研究缅甸提供一些基础的描述性数据和信息，本书仅仅是整套数据的冰山一角，我们诚挚期待学界同仁利用本调查数据进行深入的学术研究，得出科学、可靠的研究结论，期待更多的研究成果问世。

令人欣慰的是，在本书即将付梓之际，由我作为首席专家申请的2016年度国家社科基金重大项目"缅甸国内形势与对外关系综合调查数据库建设"获准立项。此外，另一个重大招标项目选题"中国—中南半岛经济走廊沿线综合调查数据库"也在立项名单中。国家社科重大招标的公告中明确指出，"最终成果为学术专题数据库的，要以公益使用、开放共享为目标"，因此这些作为国家社科重大招标项目立项的调查数据库，为开启东南亚地区和国别调查数据库迈出了坚实的一步。我们作为第一批东南亚数据库建设者，能够为国内学界提供开放共享、公益使用的数据库，是多年来的梦想。从这个意义上来说，调查数据库建设，既为人作嫁，又成就自己，何乐而不为呢！

孔建勋

2016 年 11 月于云南大学东陆园